物流资源低碳整合与优化研究

煤炭供应链需求信息共享研究

杨 丽 穆 东 著

北京交通大学出版社

·北京·

内 容 简 介

本书介绍了煤炭供应链信息共享的价值机理及信息共享效率评价。主要内容包括：煤炭供应链信息共享主导者——煤炭企业的信息共享演化；二级和三级煤炭供应链信息共享价值以及煤炭供应链信息共享效率评价。煤炭供应链信息共享价值研究与已有的研究区别之处在于考虑了煤炭需求的季节因素和决策偏差等因素对煤炭供应链信息共享价值的影响。煤炭供应链信息共享效率评价分别介绍了静态评价方法和动态评价方法。

图书在版编目（CIP）数据

煤炭供应链需求信息共享研究／杨丽，穆东著. —北京：北京交通大学出版社，2021.5

ISBN 978－7－5121－4187－2

Ⅰ.①煤…　Ⅱ.①杨…　②穆…　Ⅲ.①煤炭企业－供应链管理－信息资源－资源共享－研究－中国　Ⅳ.①F426.21

中国版本图书馆 CIP 数据核字（2020）第 050117 号

煤炭供应链需求信息共享研究
MEITAN GONGYINGLIAN XUQIÜ XINXI GONGXIANG YANJIU

策划编辑：郭东青　　　责任编辑：郭东青
出版发行：北京交通大学出版社　　电话：010－51686414　　http：//www.bjtup.com.cn
地　　址：北京市海淀区高粱桥斜街44号　　邮编：100044
印 刷 者：北京虎彩文化传播有限公司
经　　销：全国新华书店
开　　本：170 mm×240 mm　　印张：10.25　　字数：190 千字
版 印 次：2021 年 5 月第 1 版　　2021 年 5 月第 1 次印刷
定　　价：66.00 元

本书如有质量问题，请向北京交通大学出版社质监组反映。
投诉电话：010－51686043，51686008；传真：010－62225406；E-mail：press@bjtu.edu.cn。

序　言

本书的研究是参与穆东导师的国家自然科学基金项目"物流资源整合与调度优化研究"（项目编号71132008）的研究成果。本人研究的子课题是有关信息资源整合，同时获得了内蒙古自治区自然科学基金和内蒙古自治区高等学校科学研究项目的支持。

信息资源整合的手段就是信息共享，通过信息资源的整合可以更好地实现信息共享。信息的无形化、抽象化特征使得信息共享的研究需要依托于具体的实物，由此引出了本书研究的主题——煤炭供应链信息共享。煤炭产业在调整结构的背景下需要探寻新的利润增长点，由原有粗放型的发展模式向精益型的发展模式转变，煤炭供应链管理方式应当是煤炭产业发展的方向，信息共享是供应链管理中的核心问题，解决了信息共享问题，供应链管理才能真正地发挥最大的功效。

本书分析了煤炭供应链的特性，从信息共享演化研究影响煤炭行业信息共享演化的具体要素，当两家煤炭企业之间存在竞争关系时，一方的信息共享决策不仅会对自身所在的煤炭供应链产生影响，同时也会对与之存在竞争关系的煤炭供应链产生影响，通过演化博弈研究了信息共享的演化及其影响因素。供应链信息共享受到诸多因素的影响，信息共享的价值也随着影响因素的变化而不同，由此产生了本书的主要研究内容，旨在分析影响煤炭供应链信息共享价值的因素，重点分析了二级和三级煤炭供应链的信息共享价值、煤炭供应链中影响信息共享价值的因素以及最优的信息共享决策。信息共享的效率会影响信息共享的实施，本书采用模糊 DEA 方法进行煤炭供应链上信息共享的效率评价，根据评价结果对非模糊 DEA 有效的煤炭供应链给出具体的改进措施。给出了煤炭供应链动态信息共享效率评价模型。

前　　言

煤炭行业的健康、稳定发展对国民经济具有重要的意义，目前我国煤炭行业发展的不平衡、不协调问题仍然突出，其中产需不平衡问题尤为显著。信息传递不畅是导致产需不平衡问题的原因之一，另外我国煤炭供应链的结构相较国外煤炭供应链的结构更加复杂，整体效能较低也造成了产需的不平衡。信息不对称、产需失衡又导致煤炭供应链牛鞭效应显著，解决上述煤炭供应链问题的核心环节就是煤炭供应链信息共享，通过共享各类煤炭信息，及时了解煤炭在供应链各节点的运行状态，以便更好地安排煤炭的生产、运输和销售，对煤炭供应链各节点的平稳运行、有序发展具有重要的意义，同时信息共享也是达到煤炭供应链协同的关键环节。信息共享是煤炭供应链物流协同、资金流协同和信息流协同的基础。

基于信息共享对于煤炭供应链的重要意义，本书研究了煤炭供应链信息共享主导者——煤炭企业的信息共享演化，煤炭供应链信息共享价值和煤炭供应链信息共享效率评价。煤炭供应链信息共享价值研究与已有的研究区别之处在于考虑了煤炭需求的季节性因素和决策偏差因素对煤炭供应链信息共享价值的影响。主要工作如下。

（1）第3章首先分析了煤炭供应链的特点，然后研究了煤炭供应链上起信息共享主导作用的煤炭企业信息共享的演化，建立了煤炭企业信息共享演化博弈模型，通过演化博弈分析了信息共享的成本与煤炭企业生产成本、运输成本、库存成本、竞争对手的信息共享策略等因素对演化稳定策略的影响。研究发现：①信息共享成本与其他各项成本以及竞争对手的策略之间的对比关系影响行业信息共享演化的方向；②行业内的初始信息共享比例也会影响整个行业信息共享演化的方向。

（2）第 4 章研究由煤炭企业和煤炭需求企业构成的煤炭供应链需求信息共享价值。研究煤炭需求的季节性、决策偏差、提前期等因素对煤炭供应链信息共享价值的影响，对比分析了在部分信息共享、完全信息共享和无信息共享三种情形下的煤炭供应链的成本变化，分析了煤炭供应链信息共享价值。本章的研究结论如下：煤炭需求的季节性、决策偏差的波动、提前期等因素对二级煤炭供应链信息共享价值均有影响。①煤炭需求季节性影响煤炭供应链信息共享价值，煤炭需求季节性只在特定的条件下才会影响煤炭供应链信息共享价值，基于数据分析，本书认为我国的大型煤炭供应链季节因素对信息共享价值的影响不显著。②决策偏差对煤炭供应链信息共享价值有影响，通过研究发现，精确的决策偏差信息对于煤炭供应链是有益的，反之不精确的决策偏差信息会对煤炭供应链产生不利的影响。决策偏差波动越大，煤炭供应链信息共享价值越大。③提前期对煤炭供应链信息共享价值具有影响，提前期越长，信息共享的价值越显著。④最后分析了随着煤炭需求的相关程度越接近于 1，煤炭供应链上信息共享的价值越大。

（3）将第 4 章的模型扩展，研究由煤炭企业、焦煤生产企业和煤炭需求企业构成的三级煤炭供应链信息共享，主要研究决策偏差、需求相关程度、提前期等因素对于煤炭企业、焦煤生产企业和煤炭需求企业的成本影响，分别对比分析了在完全信息共享、无信息共享和部分信息共享三种情形下，煤炭企业、焦煤生产企业和煤炭需求企业的成本变化，分析了需求相关程度、决策偏差和提前期对三级煤炭供应链信息共享价值的影响。研究结论如下。①焦煤生产企业信息共享价值与煤炭需求的相关性、煤炭需求的波动、提前期、决策偏差的波动都相关。焦煤生产企业信息共享价值随着煤炭需求的相关性越大，信息共享的价值越大。需求的波动越大，信息共享的价值越大。决策偏差的波动越大，信息共享的价值越大。提前期越长，信息共享的价值越大。②煤炭企业的信息共享价值与煤炭需求的相关性、提前期、决策偏差的波动等均有关系。随着煤炭需求的相关性越大，信息共享的价值越大。提前期越长，信息共享的价值越大。决策偏差的波动越大，信息共享的价值越大。

（4）以信息生态理论为基础设计了煤炭供应链信息共享效率评价指标体系，采用模糊 DEA 评价方法进行了煤炭供应链信息共享效率评价，根据评价结果给出非 DEA 有效的煤炭供应链在不同置信水平下的改进措施，最后基于 Malmquist 指数建立了信息共享评价指数，通过信息共享评价指数可以进行煤炭供应链信息共享效率的动态评价。

目　　录

1 绪 论

1.1 选题背景

本书从煤炭行业和煤炭供应链两个角度分别介绍选题背景，进而提出本书所研究的问题。

煤炭在我国国民经济中具有非常重要的地位，煤炭在能源生产、能源消费总量的占比达到60%以上，且在较长一段时间内煤炭仍将作为我国主要的能源，因此煤炭行业的平稳、有序运行对于国民经济发展具有重要的意义。我国煤炭工业十三五规划中指出目前煤炭工业发展的不平衡、不协调、不可持续问题仍然突出，同时十三五规划提出到2020年我国要实现煤炭供需基本平衡的目标，要实现这个目标需要煤炭行业整体提升效能。近两年我国煤炭行业经过产能结构调整虽然取得了一定的成绩，但是结构性矛盾仍然突出，煤炭产业集中度低，企业竞争力弱，未来随着全球煤炭新建产能陆续释放，能源结构的多样化，市场竞争将日趋激烈，煤炭行业未来发展将处于重要战略机遇期，同时也面临诸多严峻挑战。为了适应复杂多变的市场环境，煤炭行业迫切需要提升整体竞争力。煤炭行业平稳、有序的发展对国民经济起到保障作用，同时国民经济的发展会直接影响煤炭行业未来的发展，国家的能源政策、产业政策也会对煤炭行业的发展产生影响。我国的能源政策并非一直保持稳定，自国家推进煤炭行业去产能政策以来，2015—2016年煤炭行业经历了发展的低谷期，进入2017年冬季，冬季采暖需求产生用能高峰，而由于天然气供应紧张，煤改气不能满足用能需求，国家开始释放部分煤炭产能来满足能源需求。上述能源政策的波动对煤炭供应链上、下游企业，尤其是煤炭需求企业的用煤预期产生影响。

我国煤炭供应链结构相比国外的煤炭供应链结构更加复杂，呈现网络化的特点，而煤炭供应链的整体效能则较低，需要通过管理手段提升煤炭供应链效能[1]，以便更好地促进煤炭行业的发展。在我国煤炭需求主要是电煤需求，由于电煤的需求受季节性影响显著，如图 1 - 1 所示，煤炭需求的季节性波动会引起煤炭供需失衡，究其原因主要是由于煤炭供应链中信息沟通不畅，煤炭供应链上下游企业信息传递脱节，中间环节过多，扭曲或放大的煤炭需求信息引发了煤炭供应链中一系列的供需失衡现象。由于煤炭供应链上信息传递不及时，导致整条供应链反应迟钝、效率低下。具体表现为：煤炭需求信息不能及时、快速、准确地向上游传递，下游为了保障生产正常进行常常需要大量的储备库存，造成运输资源和存储资源利用不均衡、不合理，浪费情况严重。

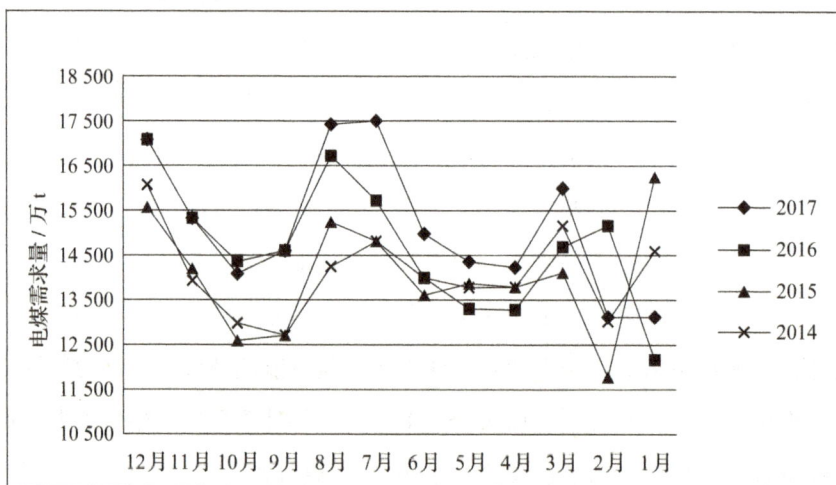

图 1 - 1   2014—2017 年电煤月度需求数据图

注：图中数据来自国家统计局网站，2017 年 1—2 月份和 2016 年 1—2 月份数据采用前两年数据计算得出

我国煤炭供应链的信息不对称，供需失衡问题又产生了煤炭供应链的牛鞭效应[2-3]，煤炭供应链上牛鞭效应还尤为显著[2-4]。牛鞭效应是指下游需求沿着供应链向上游传递的过程中被逐级放大的现象。引发煤炭供应链牛鞭效应的因素有信息沟通不畅、运输环节过多且不确定性大、交货方式为离岸平仓等[3]。虽然牛鞭效应不能完全消除，但已有的信息共享研究表明通过信息共享可以减缓牛鞭效应的影响。

煤炭供应链管理从管理思想的本质上注重煤炭供应链的整体效率和效益，通过各节点的相互配合和相互协调提高供应链整体的竞争力。煤炭供应链中各节点有效衔接、协同运作才能发挥供应链的优势，煤炭供应链协同的基础是建立煤炭供应链信息共享。通过信息共享可以缓解牛鞭效应，减少信息的失真及滞后等问题，进而提高供应链绩效，还可以协调供应链伙伴间关系、促进其长期合作，提高供应链整体竞争力[5-7]。因此煤炭供应链信息共享对于促进煤炭供应链协同，进而提升煤炭供应链整体绩效具有非常重要的作用。

信息共享可以使各节点企业及时、有效地沟通信息，进行统一决策，提高整条煤炭供应链的绩效。然而信息共享在煤炭供应链实践中还没有普及，仅有个别企业共享了部分信息，对于影响煤炭供应链信息共享价值的因素还需要深入研究，研究煤炭供应链信息共享价值对于实现煤炭供应链的协调也具有重要意义。信息共享的效率也会影响煤炭供应链各节点实施信息共享的积极性，因此对于信息共享的效率评价以及改进措施也是煤炭供应链信息共享的重要研究内容。

1.2 研究对象的范围

供应链管理的概念从 20 世纪 80 年代提出到目前已经历了三个发展阶段。早期的学者将供应链定义为企业内部的活动过程，它是指把企业采购的原材料或者零部件，通过生产和销售等活动传递给零售商和顾客的过程。该定义从企业内部资源配置的角度阐述了供应链管理。还有学者将供应链的概念与采购、供应链管理联系起来，研究企业与其供应商、制造商、分销商、零售商直到最终顾客的连接，分析整条链条的价值增值过程。目前供应链的研究更加注重整个供应链系统中的企业战略合作伙伴关系的建立以及供应链的协调。本书采用我国学者马士华给出的供应链定义：供应链是围绕核心企业，通过对信息流、物流、资金流的控制，从采购原材料开始，制成中间产品以及最终产品，最后由销售网络把产品送到消费者手中，将供应商、制造商、零售商直到最终用户连成一个整体的功能网状结构模式[8]。

国外对煤炭供应链的定义以煤炭物流流动的过程所涉及的企业来定义。Yücekaya 从煤炭物流的角度定义电煤供应链[9]，电煤供应链指煤炭从煤炭供应商处通过各种运输途径和运输方式运送到电厂的过程所涉及的所有企业。Thomas 等研究煤矿、铁路公司、货运公司和港口或最终目的地构成的煤炭供应链[10]。

国内对于煤炭供应链的概念目前还没有统一的定义，表 1－1 列出学者们从煤炭生产流程角度和煤炭价值链的角度对煤炭供应链的定义。

苏丽琴和于宝栋认为煤炭供应链由开采煤炭所需的材料设备供应商、煤炭生产企业、煤炭运输商及各类用户组成[11]。吕涛认为煤炭供应链涉及煤炭资源的获取、煤炭生产、煤炭销售、煤炭运输、煤炭消费、煤炭存储等环节的参与主体及其链接关系，其基本过程是：煤炭企业通过国家划拨或资源市场获得煤炭资源，通过采选环节将存储在地下的煤炭转化为商品，由煤炭销售企业结合用户需求，与用户企业签订合同，通过铁路、公路、航运等运输环节送达用户，可以作为转换能源、燃料或化工原料，对煤炭进行加工利用。[12]

表1-1 煤炭供应链定义

定义的角度	作者	定　义
生产流程的角度	苏丽琴等[11]	煤炭供应链由开采煤炭所需的材料设备供应商、煤炭生产企业、煤炭运输商及各类用户组成
	吕涛[12]	煤炭供应链是涉及煤炭资源的获取、煤炭生产、煤炭销售、煤炭运输、煤炭消费、煤炭存储等环节的参与主体及其链接关系
	彭红军[13]	煤炭企业外部供应链由材料供应商、原煤开采企业、煤炭洗选企业、物流运输环节、煤炭销售企业和部门以及用煤客户组成。煤炭企业内部供应链是指煤炭企业内部由原煤开采、煤炭洗选加工、煤炭运输销售等相关流程之间形成的供应链
	彭永涛等[14]	煤炭供应链指的是涉及煤炭资源生产、运输、销售及储存等环节的参与主体及其链接关系
煤炭价值链的角度	钱平凡[1]	煤炭供应链是由从煤矿到煤炭用户的相关活动与价值流构成的网链结构

　　彭红军将煤炭企业供应链从企业内部和企业外部两方面进行研究，煤炭企业外部供应链由材料供应商、原煤开采企业、煤炭洗选企业、物流运输环节、煤炭销售企业和部门以及用煤客户组成[13]。煤炭企业内部供应链是指煤炭企业内部由原煤开采、煤炭洗选加工、煤炭运输销售等相关流程之间形成的供应链。彭永涛等认为煤炭供应链是涉及煤炭资源生产、运输、销售及储存等环节的参与主体及其链接关系[14]。钱平凡认为，煤炭供应链是由从煤矿到煤炭用户的相关活动与价值流构成的网链结构[1]。煤炭供应链管理分为煤炭行业供应链管理，煤炭用户供应链管理，煤炭智能物流园区、煤炭交易中心、煤炭用户

个性化服务三种类型。

关于煤炭供应链的概念学者们虽然表述不同，但基本的含义是一致的，煤炭供应链所包含的节点都是与煤炭开采、加工、运输和最终的使用有关。本书认为煤炭供应链是从煤炭资源的获取、洗选、配煤加工、运输、存储、最终到达煤炭用户之间的所有参与主体所构成的网络。本书的煤炭供应链侧重于研究各个主体企业之间的竞争与合作关系及各方为了实现供应链协同的信息共享，对于煤炭企业内部各部门的合作、链接关系不做深入研究。同时研究煤炭需求信息共享对煤炭价值链的影响，煤炭开采所需的设备材料提供商在煤炭价值链的生成过程中没有直接产生价值，因此研究的煤炭供应链不包括煤炭开采所需的设备材料提供商。本书研究的煤炭供应链是从煤炭资源开采到煤炭作为能源被消耗为止的过程中所涉及的各个节点企业构成的供应链，对于煤炭需求企业使用煤炭的后续生产、销售过程如供热企业产生的热力分配、电力企业的电力使用、钢铁企业的钢铁的冶炼等都不涉及。本书研究对象中不包括煤炭供应链资金流所涉及的各类金融机构和企业。

1.3　研究目的和意义

国内外研究表明，通过供应链的信息共享可以缓解牛鞭效应、降低成本、缩短提前期和提高顾客服务水平等，信息共享的价值受到多种因素的影响，不同的供应链环境下，信息共享的价值差别很大，分析信息共享演化、煤炭供应链需求信息共享的影响因素以及煤炭供应链信息共享的效率评价是本书研究的目的，主要包括以下三方面内容。

（1）分析煤炭供应链信息共享的主导者——煤炭企业信息共享决策的具体影响因素以及煤炭行业信息共享的演化方向。煤炭企业作为煤炭供应链信息共享的主导者，是否进行信息共享，除了要分析信息共享对自身及其所在供应链的影响外，还会受到竞争企业的信息共享决策行为的影响，本书通过演化博弈分析影响煤炭企业信息共享决策的各类影响因素，以及这些因素对整个煤炭行业信息共享演化方向的影响。

（2）研究煤炭供应链需求信息共享的影响因素，分析各因素变化对煤炭供应链需求信息共享价值的影响，对比分析部分信息共享与完全信息共享、无信息共享的收益差异，同时分析当各影响因素发生变化时，煤炭供应链上信息共享方案的选择。

（3）研究煤炭供应链信息共享的效率评价，建立煤炭供应链信息共享效率评价指标，通过模糊 DEA 评价方法对煤炭供应链信息共享效率进行评价，对于非模糊 DEA 有效的煤炭供应链给出具体的改进方案，最后对煤炭供应链长期信息共享效率进行动态评价。

煤炭供应链节点众多、物流环节冗长、运行环境复杂等因素导致煤炭供应链的不确定性增大。煤炭需求的季节性变化通过煤炭供应链逐级向上传导，造成各节点煤炭库存的急剧波动，因而煤炭供应链牛鞭效应突出[2-4]，解决上述问题的核心环节就是在煤炭供应链上实现信息共享，通过下游向上游传递需求信息以及相关的决策偏差信息，煤炭供应链上各节点在制订生产、销售计划时能更加准确地接近末端实际需求，而不是将需求波动逐级放大。研究煤炭供应链信息共享的演化，明确信息共享演化的影响因素，对煤炭供应链信息共享实践具有一定的指导意义。分析煤炭供应链需求信息共享的影响因素，了解各因素对煤炭供应链信息共享价值的影响，有利于实践中选择合适的信息共享方案。煤炭供应链信息共享效率评价目前还少有人关注，如何评价煤炭供应链信息共享的效率以及如何进行动态评价，对于煤炭供应链信息共享的实现也具有一定的现实意义。

1.4　技术路线

本书采用的技术路线图如图 1-2 所示。

| 提出问题 | 煤炭供应链信息共享研究背景、目的与意义 |

文
献
综
述

| 相关研究文献综述和研究方法 |

| 煤炭供应链研究综述 | 供应链信息共享研究综述 | 供应链信息共享效率评价综述 |

煤
炭
企
业
信
息
共
享
演
化
博
弈

建立信息共享主体——煤炭企业信息共享演化博弈模型	分析煤炭企业信息共享演化稳定策略	影响煤炭企业信息共享演化因素	信息共享成本	煤炭企业信息共享演化方向
			煤炭生产成本	
			煤炭运输成本	
			煤炭库存成本	

演
化
博
弈
方
法

需
求
预
测
信
息
共
享
收
益
模
型

| 煤炭需求的季节性 | 需求决策偏差 | 提前期等因素 |

| 煤炭供应链需求信息共享影响因素 |

| 二级煤炭供应链需求信息共享 | 三级煤炭供应链需求信息共享 |

| 不同的情形时煤炭供应链信息共享决策 |

博
弈
论
最
优
化
方
法

信
息
生
态
理
论

| 建立煤炭供应链信息共享效率评价指标体系 | 煤炭供应链信息共享效率评价实证研究 | 非模糊 DEA 有效的企业信息共享改进方向 | 煤炭供应链信息共享动态评价 |

模
糊
DEA
评
价

研究结论

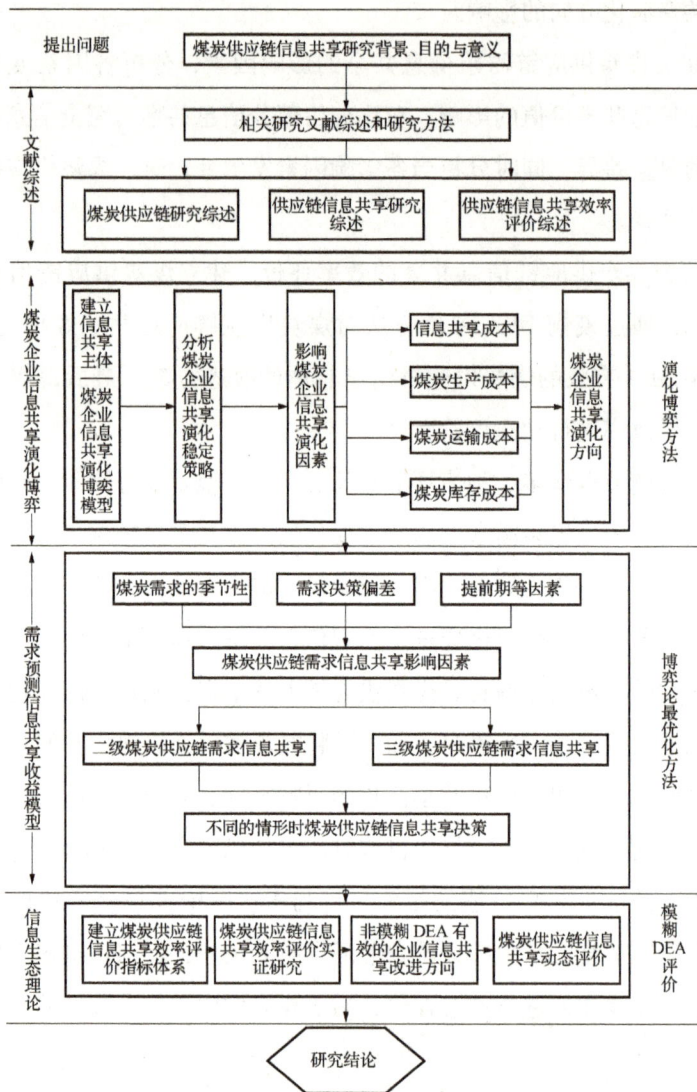

图 1-2　本书采用的技术路线图

1.5　主　要　内　容

本书综合运用管理学、经济学的相关研究理论与方法，首先研究了信息共享的演化博弈，分析了煤炭企业信息共享决策演化的规律及影响因素。其次，建立了煤炭供应链信息共享模型，根据煤炭需求具有季节性变化特征，企业生产、决策过程中存在决策偏差的情形，研究了由煤炭企业和煤炭需求企业构成的二级煤炭供应链的信息共享，通过对比部分信息共享、无信息共享和完全信息共享情形下煤炭供应链上各方收益的变化，研究煤炭需求的季节性、相关系数和决策偏差等因素对煤炭供应链信息共享价值的影响，进而给出在不同信息共享情形下，煤炭供应链最优的信息共享决策。然后将二级煤炭供应链信息共享模型扩展，研究三级煤炭供应链信息共享，进一步分析在三级煤炭供应链结构下，影响煤炭供应链信息共享价值的因素。最后设计了煤炭供应链信息共享效率评价指标，对煤炭供应链信息共享效率进行评价，给出了非模糊 DEA 有效的煤炭供应链改进的方向，并建立了煤炭供应链信息共享的动态评价模型。

具体的研究内容如下。

第 1 章首先介绍了煤炭供应链信息共享研究的背景和意义，从解决煤炭供应链的现实问题出发引出了本书的研究思路和方法，并介绍了本书的主要创新点。

第 2 章从供应链信息共享的国内外的研究现状开始，逐步分析了煤炭供应链的研究现状和信息共享效率评价的研究现状，通过文献梳理发现煤炭供应链信息共享的价值和效率评价这方面的研究较少。最后介绍了本书所使用的相关研究理论和方法。

第 3 章介绍了煤炭供应链特征，同时介绍了常见的两类煤炭供应链结构及本研究所采用的煤炭供应链结构。接下来研究煤炭供应链信息共享的主导者——煤炭企业信息共享演化博弈，建立了煤炭企业信息共享演化博弈模型，通过演化稳定策略分析影响煤炭企业信息共享演化的因素，发现主要有信息共享成本、煤炭生产成本、运输成本、库存成本、竞争企业实施信息共享对本企业的影响等五个要素，通过分析五个要素之间的关系研究煤炭行业信息共享的演化方向。

第4章研究煤炭需求受季节因素影响下，同时考虑决策偏差的煤炭供应链信息共享。首先建立煤炭供应链需求信息共享模型，通过对模型在不同的信息共享情形下的对比，分析研究季节因素、需求相关性、需求季节相关性及决策偏差等因素对煤炭供应链信息共享价值的影响，同时根据影响因素的变化，给出了煤炭供应链信息共享的最优决策。

第5章研究结构更为复杂的三级煤炭供应链需求信息共享，主要分析在复杂的供应链结构及各种不同的信息共享情形下，决策偏差、煤炭需求的相关性等因素对三级煤炭供应链信息共享价值的影响，同时给出各种情形下煤炭供应链最优的信息共享决策。

第6章研究煤炭供应链信息共享效率评价，首先建立了煤炭供应链信息共享评价指标体系，采用模糊DEA方法对煤炭供应链信息共享进行效率评价，给出了非DEA有效的煤炭供应链具体的改进方向，设计了动态煤炭供应链信息共享评价模型。

第7章给出研究结论，指出研究存在的不足之处以及今后的研究方向。

1.6 创 新 点

本书的主要创新体现在以下三点。

（1）第4章分析了二级煤炭供应链信息共享价值及其影响因素。主要研究煤炭供应链在决策偏差和季节因素综合影响下的煤炭供应链信息共享价值，分析了煤炭需求的季节性、决策偏差、提前期和需求相关性等因素对煤炭供应链信息共享价值的影响。

（2）第5章分析了三级煤炭供应链信息共享价值及其影响因素。研究由煤炭企业、焦煤生产企业和煤炭需求企业构成的三级煤炭供应链，信息共享价值及各因素对信息共享价值的影响。

（3）第 6 章建立了煤炭供应链信息共享效率评价指标体系，同时建立了煤炭供应链信息共享效率评价动态模型。

2　文献综述及基础理论

2.1　文　献　综　述

本章分别从供应链信息共享、煤炭供应链、演化博弈在供应链应用及信息共享效率评价几个方面介绍国内外相关研究现状。

2.1.1　供应链信息共享研究现状

供应链信息共享是供应链研究的一个热点[15]，在 Web of Science 库中以 supply chain + information sharing 进行主题词检索，检索期限为 1990 年到 2016 年，获得 1 620 篇文献专门研究供应链信息共享。有关供应链信息共享从 1992 年就有学者开始关注，1999—2001 年 Gavirneni 等，H. L. Lee，Cachon 等，Narasimhan 等，Raghunathan，以及 Chen 等人分别通过数理分析验证了供应链信息共享的价值。[7,16-20]此后众多学者采用博弈论、数理分析、实证研究的方法针对供应链库存成本的节约来分析供应链信息共享的价值，由于研究者们采用的研究方法、假定条件不同，所得到的信息共享价值的结论差异较大，库存成本的节约从 2% 到 80% 不等。目前对于供应链信息共享价值的研究中，多数研究者支持供应链信息共享具有价值，具体的信息共享价值大小受到多种因素的影响。

从 Web of Science 库中检索 1992 年到 2016 年期间得到的文献中筛选出供应链信息共享方面的高被引文献，分析这些高被引文献发表的期刊，得到

表2-1,从表2-1中可以看到 *Management Science*、*European Journal of Operational Research*、*International Journal of Production Economics*、*Journal of Operations Management*、*Production and Operations Management*、*Omega* 这六个期刊发表的高被引文献的占比达到72.73%,供应链信息共享的高被引文献主要集中于这六个期刊。

表2-1 高被引文献期刊列表

期刊名称	文献数量	占比
MANAGE SCI	45	29.22%
EUR J OPER RES	24	15.58%
INT J PROD ECON	19	12.34%
J OPER MANAG	10	6.49%
PROD OPER MANAG	8	5.19%
OMEGA – INT J MANAGE S	6	3.90%
INT J PROD RES	5	3.25%
J OPER RES SOC	4	2.60%
COMPUT IND ENG	3	1.95%
DECISION SCI	3	1.95%
Manufacturing & Service Operations Management	3	1.95%
MIS QUART	3	1.95%
OPER RES	3	1.95%
DECIS SUPPORT SYST	2	1.30%
DESIGNING MANAGING S	2	1.30%
EXPERT SYST APPL	2	1.30%
HDBK OPER R	2	1.30%
IEEE T ENG MANAGE	2	1.30%
IND MARKET MANAG	2	1.30%
NAV RES LOG	2	1.30%
SUPPLY CHAIN MANAG	2	1.30%
TRANSPORT RES E – LOG	2	1.30%

从供应链信息共享的高被引文献分布图2-1中可以看到,供应链信息共享研究的高被引文献主要集中于2001—2008年,在此期间尤其以2002年产生

的高被引文献最多，2001—2002 年的研究主要通过供应链上下游之间的博弈分析供应链信息共享的策略、信息共享的价值。2004 年到 2008 年间主要是关注 VMI 下的供应链信息共享价值，通过模拟仿真的方法研究供应链信息共享的价值，在此期间中国学者在供应链信息共享方面取得了大量的研究成果。从高被引文献分布图中可以看到，2008 年之前是供应链信息共享研究的一个高潮，集中研究了通过信息共享节约供应链成本、缓解牛鞭效应、缩短提前期等。从 2008 年之后供应链信息共享进入相对平稳的研究期，2009—2016 年信息共享的研究从一般的供应链模型逐渐扩展到具体的行业供应链，学者们开始关注影响供应链信息共享价值的具体因素，此时的信息共享研究结论更结合实际但是经典的研究文献较少。

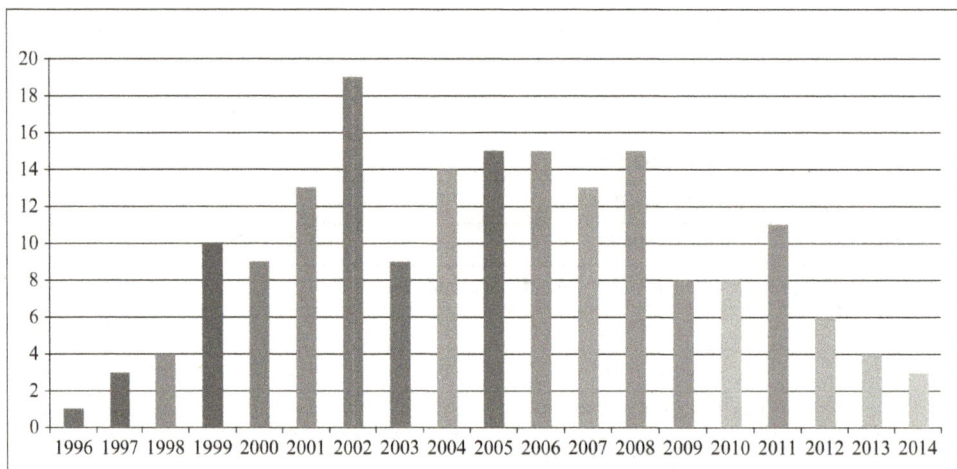

图 2－1　1996—2014 年间历年高被引文献分布图

下面分别介绍国外和国内对供应链信息共享的研究现状。

1. 国外供应链信息共享研究现状

国外有关供应链信息共享的研究主要包括供应链信息共享的价值研究、供应链信息共享的影响因素研究，下面将从供应链信息共享价值和供应链信息共享的影响因素两方面分别阐述国外供应链信息共享的研究现状。

供应链信息共享受到学术界和实践的普遍关注[15]，供应链信息共享指的是供应链上下游之间的市场需求信息、库存水平信息、成本信息、生产计划信息等信息的共享。信息共享的形式有从上游企业到下游企业、从下游企业到上游企业之间的垂直信息共享，还有同一层级企业之间的水平信息共享。信息共享能够降低非对称信息带来的风险，如缩短提前期、缓减牛鞭效应的影响、降低成本、提升供应链盈利水平等。[5-7]供应链伙伴之间不同程度的信息共享还能够提升供应链整体绩效。[21]学者们对供应链信息共享的价值进行了深入的研究，具体的研究结论因为研究假定条件和研究方法的不同而有差别。

1）供应链信息共享价值研究

Lee 等的研究开启了供应链信息共享价值的研究[22]，随后 H. L. Lee 和 Tang 研究了二级供应链中需求自相关时信息共享的价值，信息共享的价值通过降低库存水平来体现[23]，Raghunathan 研究 Lee 模型中当一阶自回归模型 AR（1）的参数为供应链上下游都已知时，制造商信息共享的收益不显著，即如果制造商能够通过历史订单数据进行精确预测，信息共享收益不显著。[19] Gaur 等研究了二级供应链需求为 ARMA（1，1）模型时，需求信息共享的价值显著。[24]Li 等研究了非循环的供应链网络中当供应产生风险时供应链信息共享的价值，从时间和成本两个角度研究发现，信息共享可以提高供应链企业的柔性同时提高供应链的绩效。[25]Yan 和 Wang 研究了特许经营供应链需求信息共享，双方都拥有市场需求的私有信息。[26]特许人总是愿意共享信息，而经销商需要特许人提供较低的批发价格或者建立收益分享契约才愿意共享信息。Li 和 Zhang 研究需求的不确定性适中时，零售商自愿同 make - to - stock 的制造商共享信息。[15]制造商既需要做价格决策，同时还需要做库存决策时，整条供应链才能从库存信息共享中获益。Sari 研究从供应链的角度降低库存信息误差的价值。[27]Srivathsan 和 Kamath 模拟研究了上游库存信息共享的价值，研究发现：共享库存信息越多，订单满足率越高，补货订单数量下降，补货时间缩短。[28]Khan 等研究可持续供应链中生产信息、库存信息共享的价值，研究了信息共享对环境和社会成本产生的影响。[29]Lai 等研究环境管理信息共享对于供应链的影响，供应链伙伴之间共享环境管理信息有利于成本的降低，与顾客共享环境信息则没有收益。[30]

供应链信息共享价值研究中，二级供应链是众多研究者选择的模型，二级供应链模型便于数理推导，主要研究思路是假定市场需求服从一定的分布或满足一定的假定条件下，采用最优化理论或博弈分析制造商的库存水平的变动或者从订单满足率的变化、补货订单数量和补货时间的变化来分析供应链信息共享的价值。常见的供应链需求研究一般为随机需求、时间序列模型、平稳需求等，通过信息共享可以降低信息的不确定性，需求的不确定性越大，信息共享的价值也越大。供应链下游企业提供的信息共享的价值大于供应链上游企业提供的信息共享的价值。Lau 等研究中下游向上游传递的需求信息、需求预测信息、库存信息共享居多。[31]

2）供应链信息共享影响研究

供应链信息共享影响包括供应链信息共享价值的影响因素、影响供应链信息共享的因素和供应链信息共享产生的影响三个方面，下面分别从这三个方面进行综述。

（1）供应链信息共享价值的影响因素。

供应链信息共享价值的影响因素主要通过实证研究和理论模型分析影响供应链信息共享价值的因素，如表 2-2 所示。供应链信息共享价值的影响因素有：生产能力的有限性、供应链上信息的类型、供应链结构以及库存策略的决策者、需求的相关程度、提前期、季节变动、信息预测成本、采用的回购策略等。Li 和 Zhang 研究信息共享中的信息泄露、双方的信息推测能力对于供应链信息共享价值的影响。[6]Cho 和 Lee 分析信息共享的价值对于季节变动的敏感性。[32]Helper 等发现信息共享的价值受到生产能力约束的影响。如果供应商的生产能力有限，零售商从信息共享中受益更多，当供应商有充足的供应能力时，供应商获益更大。[33]Davis 等采用马尔科夫决策建模研究供应链信息共享的价值。[34]

两条竞争型的供应链信息共享价值受到竞争的激烈程度、信息的精确度、竞争类型、投资成本等因素的影响，Bian 等分析了两条竞争型的供应链中信息共享、竞争的激烈程度和预测误差会影响信息共享的价值，两条供应链之间的竞争越激烈，信息共享的收益越大。[35]

表 2 − 2 供应链信息共享价值的影响因素

影响因素	供应链结构	作者
信息预测成本的变动	二级供应链	Zhu 等[36]
投资成本和契约类型； 规模不经济、信息的准确度、竞争的激烈程度以及竞争的类型； 竞争的激烈程度和预测误差	两条竞争型的供应链，各自都是由一个制造商和一个零售商组成	Ha 和 Tong[37] Ha 等[38] Bian 等[35]
库存策略的决策者	二级供应链	Li 和 Zhang[15]
回购策略	二级供应链	Chen[39]
信息的类型、供应链结构以及企业在供应链中的位置	复杂供应链	Lumsden 等[40]
库存成本与预测误差的标准差之间存在线性关系时	二级供应链	Hosoda 等[41]
需求的相关程度、提前期的长短	复杂供应链	Sabitha 等[42]
决策偏差	二级供应链	Cui 等[43]
供应链双方对信息的推测能力	二级供应链	Li 和 Zhang[6]
季节变动	二级供应链	Cho 和 Lee[32]
生产能力	二级供应链	Helper 等[33]
产品的替代性	复杂供应链	Ganesh 等[5]

（2）影响供应链信息共享的因素。

影响供应链信息共享的因素主要是研究哪些因素会促进或阻碍供应链信息共享，主要的影响因素有：供应链伙伴关系的密切程度、相互的信任关系、信息共享的意愿、促销手段、横向竞争的激烈程度、信息共享的成本和采用的协调契约等。产品的替代性对信息共享也会产生影响，Yan 和 Pei 研究拥有双渠道的制造商和零售商组成的供应链，制造商和零售商都拥有市场需求的私有信息，当线下和线上的产品具有良好的替代性时，制造商更加愿意让信息共享。[44]Lee 等通过结构方程模型分析发现，不论在美国、中国、日本，由于生产商和供应商之间的信任，可以促进免费的信息共享，甚至可以促进双方之间的财务信息共享。[45]Shang 研究两个竞争的制造商生产可替代产品，销售给同一家零售商的供应链信息共享，研究零售商的信息共享动机取决于非线性成本、信息契约以及竞争的激烈程度。[46]制造商的竞争越激烈，零售商越有动机共享信息，生产越不经济，零售商的获益越大，生产的经济性是信息共享的决定性因素。Shamir 认为供应链的复杂性能促进非对称情形下的信息共享。[47]Li 和 Lin、Wu 等研究建立供应链信息共享和合作的前提，认为信任、承诺、互惠和倡导者是信息共享的基础，研究供应链伙伴关系、共享愿景对供应链信息共享的影响。[48-49]信息共享披露信息时，成本与需求信号之间的关系，供应链信息共享的能力与供应链竞争力相关[50-51]。市场需求信号的强弱也会影响信息共享的精度和意愿[51]。影响供应链信息共享的因素见表 2-3，供应链上的不确定性越大，水平竞争越是激烈，越能促进供应链信息共享。

表 2-3　影响供应链信息共享的因素

影响因素	供应链结构	作者
供应商线下广告	双渠道二级供应链	Yan 等[52]
市场需求信号	二级供应链	Chu 和 Lee[51]
供应链契约	二级供应链	Wagner[53]
信息共享成本	二级供应链	Huang 等[54]
管理、组织、技术、各自的经济因素、社会和文化六方面对信息共享的阻碍作用	复杂供应链	Khurana 等[55]
生产商和供应商之间的互信、文化差异	复杂供应链	Lee 等[45]
交易类型、伙伴关系、凝聚力	复杂供应链	Jraisat 等[56]

影响因素	供应链结构	作者
非线性成本、信息契约、竞争的激烈程度、生产的经济性	二级供应链，制造商之间存在竞争关系	Shang[46]
库存信息的精确性	二级供应链	Cannella 等[57]
供应链的复杂性、供应链契约	二级供应链	Shamir[47]
信任、承诺、互惠和倡导者	复杂供应链	Li 和 Lin[48]、Wu 等[49]
信息技术	复杂供应链	Olorunniwo 和 Li[58]
信息技术和共享意愿	复杂供应链	Wu 等[49]
信息共享的阻碍因素：信息系统的不相容、缺乏信息共享计划、成员对于信息共享价值的低估、缺乏信息共享的信任；需求信息的分解、需求信息获取不准确的风险和基于不完全信息进行生产决策的风险	复杂供应链	Watabaji 等[59] Kembro 和 Selviaridis[60]
供应链信息共享的范围，关系的亲密程度对信息共享类型的影响	复杂供应链	Huong Tran 等[61]

（3）供应链信息共享产生的影响。

供应链信息共享产生的影响主要研究通过供应链信息共享对供应链成员、供应链竞争力及供应链总成本等产生的影响。Bian 等研究供应链信息共享的战略影响，当制造商和零售商的需求预测差异性不大时，信息共享对供应链成员可能有害。[62] Shnaiderman 和 Ouardighi 探讨信息共享的密切程度对总成本的影响。[63] Olorunniwo 和 Li 实证研究信息共享和合作对逆向物流的影响。[58] Chenga-lur‐Smith 等研究基于 Web 的供应链信息共享的能力对商业利益的影响。[64]

表 2‐4 详细列出了供应链信息共享所产生的影响，主要体现信息共享对参与共享的成员及整条供应链的价值形成的影响。

表2-4 供应链信息共享所产生的影响

信息共享所产生的影响	供应链结构	作者
信息共享对供应链成员的影响	二级供应链	Bian 等[35]
信息共享的密切程度对于总成本的影响	二级供应链	Shnaiderman 和 Ouardighi[63]
供应链信息共享能力对供应链竞争力的影响	复杂供应链	Youn 等[50]
信息共享产生商业利益	复杂供应链	Chengalur – Smith 等[64]
信息共享对物流外包的影响	复杂供应链	Liu 等[65]
信息共享对大麦价值链的影响	复杂供应链	Watabaji 等[59]
信息共享对供应链风险管理的影响	复杂供应链	Riley 等[66]
信息共享对食品质量的影响	复杂供应链	Ding 等[67]
信息共享对供应链绩效的影响	复杂供应链	Jonsson 和 Myrelid[68]

综上所述，供应链信息共享的影响研究众多，以上从影响供应链信息共享价值的因素、影响供应链信息共享的因素以及供应链信息共享所产生的影响三个方面进行了详细介绍。供应链信息共享的价值受到多种因素的影响，竞争越激烈、供应链结构越复杂、生产越不经济、无信息共享时所获得信息的准确度越差，通过信息共享获得的收益就越显著。信息共享并不是简单的技术问题，信息共享的意愿、供应链合作伙伴之间的信任、合作关系以及共同的愿景都会影响信息共享的实现。理论和实践两方面都表明，总体来说信息共享都是可以获益的，但是收益水平同具体的供应链结构、市场竞争状态等多种因素相关。供应链信息共享问题属于复杂系统，影响因素众多，众多影响因素之间又互相影响，理清供应链信息共享的影响因素需要结合具体的供应链情境进行研究。

2. 国内供应链信息共享的研究

国内有关供应链信息共享的研究，以供应链信息共享为关键词在 CNKI 库中进行篇名检索，时间设定为 2001 年到 2016 年期间，共查到近 500 篇相关文献。从中可以看出，国内的研究主要从信息如何实现共享的角度出发，主要从供应链信息共享激励、信息共享如何缓解牛鞭效应、供应链整合及供应链信息共享程度等几个角度进行研究。研究所采用的方法主要有博弈论、数理推导、实证研究等。

马新安等对供应链信息共享激励的研究是国内最早且有影响力的研究，他通过委托代理模型研究了核心企业对其供应商信息共享的激励问题。[69]陈国庆和黄培清从供应链集成和信息协同的角度研究了供应链信息共享的激励。[70]张新锋等建立了两阶段多目标、多因素的供应链信息共享激励模型。[71]张子刚和刘开军依据 stackelberg 模型从制造商对零售商定价的角度进行供应链信息共享激励研究。[72]周雄伟和马费成从供应链整体系统效益最大化的角度研究了供应链信息共享激励。[73]信息的所有者一般不愿意主动提供其信息[74]，需要提供相应的激励措施，如上游企业通过收益共享契约来激励下游企业共享信息。邹细兵研究了双渠道制造商和零售商组成的供应链模型，零售商拥有私有信息时，合作博弈情形下的均衡定价及收益问题。[75]

国内也有许多学者研究复杂供应链结构时信息共享的价值，大多数文章是采用一对多[17]、多对一的链状供应链结构，过于复杂的供应链结构数理推导复杂，因此对于复杂供应链结构下信息共享采用模拟仿真研究居多，模拟一定的约束条件下，供应链成员以及供应链整体的库存成本、收益等受到信息共享的影响[76]，或者研究信息共享对牛鞭效应的影响[77]，信息共享被认为是缓解牛鞭效应的方法，但是牛鞭效应只能减少而不能彻底消除。由于供应链上卖方和买方经常依据传统的决策方式调整库存和物流，因此产生信息的扭曲是不能完全消除的[78]，但是信息的丰富可以改变牛鞭效应的性质，使其由非线性形状转变为线性形状。[79]王瑛研究三阶段博弈模型，认为分销商之间的竞争是基于数量的 Cournot 竞争，同时共享成本信息和需求信息的信息共享价值。[80]郑欣等研究了供货量信息共享的价值，供货越不稳定时信息共享的收益越大，信息的接收方获益越多。[81]

除了从价值的角度研究供应链信息共享，还有学者研究了信息共享的最优范围如何确定[82]，激励信息的提供者真实地共享信息以及订单分配问题[83]，不确定型供应链中信息共享如何促进物流有序管理的问题[84]等。侯琳琳和邱菀华设计了利润共享契约，通过该契约使得制造商能够如实地实现需求信息的共享。[85]邓卫华等认为供应链节点企业处于非合作竞争状态，理性的成员一般不会主动公开其私有信息。[86]当初始需求不确定性较大时，零售商以拒绝策略为先，进一步的策略取决于供应商的信息推测能力及其对零售商收益的影响。如果供应商的推测能力较强，零售商将采取接受策略。

综上所述，国内外学者从供应链信息共享的价值、影响因素、激励机制及信息共享对牛鞭效应的影响等多个角度进行了深入的研究。但是，由于信息共享实现的复杂性以及影响信息共享的要素的多样性，理论研究与实践研究结果的差异性，供应链信息共享仍然需要结合具体的供应链情境继续深入研究。

2.1.2　煤炭供应链研究现状

1. 煤炭供应链国外研究现状

国外有关煤炭供应链、煤炭物流的研究主要是实证方面的研究，集中于煤炭物流、煤炭供应链上的运输问题最优化，Osleeb 等设计了煤炭物流信息系统，处理煤炭物流系统的物流节点、转运节点运输问题的最优化。[87]Kuby 等采用混合整数规划模型研究了美国煤炭港口结构的最优化设计。[88]Thomas 等采用整数规划模型研究煤炭供应链中铁路运力的调度问题，当铁路运力有限的情形下，如何安排生产计划和调度来达到运输成本、存储成本等最低的最优化问题。[89]Gedik 等采用混合整数规划模型研究突发事件下，煤炭供应链上的铁路运输路线的选择问题[90]。Yücekaya 研究煤炭供应链中，电厂从多目标优化的角度如何选择供应商、合约以及运输路线的问题，优化目标包括购买成本、运输成本等最优化。[9]还有学者关注煤炭价格的影响因素，Zaklan 等研究国际动力煤价格的影响因素及物流成本对价格的影响。[91]对于煤炭供应链信息共享方面的研究还不多，主要原因是国外煤炭供应链业界发展相对成熟，供应链结构相对简单，且已经形成了长期的、稳定的合作模式，主要的问题聚集在具体的操作层面，实证研究居多。

2. 煤炭供应链国内研究现状

我国学者们对于煤炭供应链的研究首先关注的是煤炭物流，马谦杰提出的煤炭企业物流，主要分析了煤炭生产物流和煤炭供应物流。[92]王之泰认为精益化的煤炭供应链虽然不能全面建立，但是精益化的供应链管理是煤炭生产的一个方向。[93]梁美健和吴慧香研究建立物流战略联盟以及如何进行利益分配问题。[94]张华明和焦斌龙分析了我国煤炭物流发展存在的主要问题。[95]荣海涛和宁宣熙从煤炭物流资源整合的角度指出当前煤炭物流效率低下的原因。[96]范云兵解读物流发展规划，指出当前煤炭物流存在的问题。[97]

（1）煤炭供应链概念。

国内的研究者们从煤炭供应链的概念、构成及特性等方面对煤炭供应链进行了阐述。已有的研究中对于煤炭供应链的定义还没有统一。彭晨和岳东建立了煤炭供应链的框架及整体结构，并分析了煤炭供应链的特征。[98]周强等从战略联盟的角度研究煤炭企业之间的关系，关注煤炭企业与传统的流程企业之间的区别，并着重分析了煤炭生产过程。[99]陈建生和王立杰认为煤炭供应链，包括煤炭企业内部物资流动网络及上下游产业，从物流资源整合的角度研究煤炭物流系统结构，从煤炭物流的角度定义了煤炭供应链。[100]彭红军等构建了大型煤炭供应链的结构框架，[101]刘满芝等给出了大型煤炭企业供给系统的定义。[102]于洋等构建了以煤炭物流中心为核心企业的疆煤外运煤炭供应链结构，分析了疆煤外运的供应链模式及其优缺点。[103]苏丽琴和于宝栋认为从煤炭开采、生产、运输所涉及的所有企业构成了煤炭供应链。[11]吕涛从流通的角度定义煤炭供应链，认为煤炭供应链是涉及煤炭资源的获取、煤炭生产、煤炭销售、煤炭运输、煤炭消费、煤炭存储等环节的参与主体及其链接关系，其基本过程是：煤炭企业通过国家划拨或资源市场获得煤炭资源，通过采选环节将存储在地下的煤炭转化为商品，由煤炭销售企业结合用户需求，与用户企业签订合同，通过铁路、公路、航空等运输环节送达用户，可以作为能源转换、燃料或化工原料，对煤炭进行加工利用。[12]彭红军将煤炭供应链从企业内部和企业外部两方面进行研究，煤炭企业外部供应链由材料供应商、原煤开采企业、煤炭洗选企业、物流运输环节、煤炭销售企业和部门以及用煤客户组成。[13]煤炭企业内部供应链是指煤炭企业内部开采、加工、运输等流程形成的供应链。煤炭供应链定义为规模以上煤炭企业的由原煤开采、煤炭洗选加工、煤炭运输销售直至交付到最终用煤客户等相关流程之间的供需关系所形成的供应链系统。

彭永涛、张锦等认为煤炭供应链指的是涉及煤炭资源生产、运输、销售及储存等环节的参与主体及其链接关系。[14]钱平凡认为煤炭供应链是由从煤矿到煤炭用户的相关活动与价值流构成的网链结构。[1]煤炭供应链管理分为煤炭行业供应链管理、煤炭用户供应链管理两大类与煤炭智能物流园区、煤炭交易中心、煤炭用户个性化服务三种基本类型。

综上所述，虽然每位学者给出的煤炭供应链的定义不尽相同，但是主旨都是围绕煤炭开采、加工到最终消费的整个流程所涉及的相关主体展开的，因此本书给出的定义也是依据煤炭生产、流动的过程。

我国煤炭供应链研究与国外的煤炭供应链研究存在很大的差别，国外的煤炭供应链偏重于解决具体的实际问题，如物流转运节点的设置问题、铁路运输路线的选择等最优化问题，我国的煤炭供应链由于历史发展的原因，煤炭供应链管理相对滞后，供应链长期、稳定的合作伙伴关系还没有建立，煤炭供应链结构复杂、不稳定；煤炭供应链上供给需求的不确定性大；煤炭供应链波动大，所以我国的煤炭供应链研究多是如何建立长期、稳定的供应链合作伙伴关系，以及通过煤炭供应链管理达到煤炭产需平衡，最终实现煤炭供应链协同为主。下面分别从我国煤炭供应链管理和煤炭供应链信息共享两方面介绍国内研究现状。

（2）煤炭供应链管理研究。

我国煤炭供应链库存管理、调度优化、风险预警是煤炭供应链研究者关注的方向。彭红军和周梅华研究由多个矿井、一个洗煤厂和一个销售商组成的煤炭供应链，以利润和客户满意度为目标的产出优化问题。[104]范志强研究多品种需求下的煤炭供应链网络优化问题，通过建立混合整数规划模型确定网络中各节点布局。[105]窦迅等研究了电力供应链的库存，分析了电力供应链中电煤价格、订货周期、初始库存等因素对电力企业煤炭库存的影响。[106]孙金玉等从煤炭需求不确定的角度研究了煤炭供应链中库存安全管理。[107]李丹研究绿色煤炭供应链的界定、影响因素，并从系统科学的角度分析了绿色煤炭供应链系统的构成及系统的优化问题。[108]乔冰琴把物联网应用到煤炭物流中进行调度优化研究。[109]李景峰等研究了煤炭超市的流程优化问题。[110]李晓华从绿色供应链的角度构建了绿色煤炭供应链。[111]王莹莹对煤炭物流的需求采用改进的 BP 预测模型进行预测。[112]李志敏从内外部分析了煤炭供应链的构成，并按此划分了煤炭供应链的风险，建立了煤炭供应链风险预警及激励协调机制。[113]

（3）煤炭供应链信息共享研究现状。

国内学者们对煤炭供应链信息共享进行了研究，赵永刚和尚利强构建了基于第四方物流的煤炭供应链信息平台。[114]彭红军以煤炭开采企业与洗选企业组成的二级煤炭供应链为研究对象，建立了均衡供应的测度模型。[13]明确了当生产和需求不确定时的二级煤炭供应链的合作收益共享机制。研究发现集中运作的供应链从整体绩效考虑更加有效，收益共享和风险共担机制能够实现二级煤炭供应链的协调。陈红梅研究煤矿、铁路、港口、航运、电厂用户构成的煤炭物流服务供应链，提出了信息共享阻碍因素，构建了信息共享平台。[115]张艳研究了煤炭供应链信息共享时的供应链协同与供应链绩效，提出了供应链协同的测度标准、协同绩效的评价以及协同与绩效之间的关系，分析了不同的协同因子与供应链绩效的关系。[116]刘硕研究煤炭供应链中电煤供应链利益分配与风险管理，从信息系统管理的角度建立电煤供应链协同一体化模型。[117]分析了集中决策、分散决策、收益共享契约下的各方利润变化及契约参数与利润之间的关系。

综上所述，煤炭供应链的研究中关于煤炭物流的研究主要集中在如何降低煤炭物流成本，尤其是煤炭运输成本方面，协调优化运输配送也是学者们研究的热点。

2.1.3　供应链信息共享的演化博弈综述

演化博弈的有限理性更贴近现实决策，在供应链领域得到了应用，黄敏镁研究了由供应商和制造商构成的供应链中产品开发过程中的合作演化问题，合作研发获得的超额收益大于不合作获得的收益和背叛收益之和时，双方向着合作方向演化。[118]王玉燕等研究了市场机制下生产商实施逆向供应链管理策略的演化博弈，分别讨论了政府在实施惩罚机制和补贴机制下的策略演化。[119]

当政府实施惩罚机制时，惩罚力度达到一定的幅度才能够起到一定的作用。补贴政策也需要满足一定的条件才能产生正向激励的效果。学者们通过演化博弈还研究了供应链中的知识共享、信息共享问题，熊强等研究信息安全知识共享的演化博弈，通过对平衡点的稳定性分析企业之间的依赖关系、补贴机制的影响。[120]随着信息共享成本的提高企业共享的意愿下降，为了鼓励企业共享安全信息，政府需要提供一定的补贴来鼓励企业共享信息，提高信息共享平台的效率。食品供应链和绿色供应链中应用演化博弈研究得较多，慕静和马丽丽研究了食品供应链的信息共享演化，分析信息共享概率与信息共享成本的变化关系。[121]宋焕等研究食品供应链中溯源信息共享演化博弈，分析了食品生产商和食品加工商的"搭便车"收益，联合共享溯源信息减少的损失值，单独共享溯源信息减少的损失值变化时的演化趋势。[122]申亮和王玉燕研究了绿色供应链中制造商生产绿色产品的策略演化，当绿色产品的利润没有非绿色产品的利润高时，政府的补贴机制能够改变演化方向。[123]李媛和赵道致研究了低碳环境下政府监管企业减排的演化博弈，分析了政府监管成本与税率的对比对政府政策的影响，企业的低碳化策略受到收益与成本的对比关系的影响。[124]李友东等研究供应链核心企业是否选择生产低碳产品与政府监管的演化博弈。[125]李永忠和董凌峰研究政务资源信息共享的演化博弈。[126]已有的研究中涉及食品供应链和电子政务供应链信息共享演化博弈研究的较多，供应链信息共享演化博弈主要分析的是一条供应链上下游企业之间是否信息共享的博弈问题，对于存在竞争关系的横向企业之间的博弈研究则很少见。

2.1.4 供应链信息共享效率评价综述

1. 供应链信息共享效率评价研究现状

供应链信息共享效率评价的研究主要有信息传输效率，包括供应链信息资源利用效率、供应链信息共享程度、信息传递效率等，还有从供应链共享信息质量的角度进行研究。效率评价主要采用的评价方法有 DEA 评价、模糊评价、灰色评价以及综合评价方法。刘雪峰和霍明奎提出了信息资源利用效率的概念，认为供应链信息资源利用效率为信息的网络扩散能力，即单位时间内供应链上下游企业信息接收与发送状态的变化率。[127]采用 DEA 方法对 10 家汽车配件制造公司的信息资源利用效率进行了评价。熊晓元和孙艳玲采用 DEA 方法对网络信息资源利用效率进行评价，将外部环境因素、网络信息内容及质量、网络功能及属性视为投入要素，将信息传播效应和用户行为效果视为产出要素。[128]吴陆锋和李珊以成熟度为基础建立了建筑供应链信息共享成熟度指标体系，以信息化水平、信息共享度、内部运营能力、业主满意度等 4 个一级指标和 11 个二级指标采用模糊层次分析法进行分析与评价。[129]唐毅等以 IT 能力、硬件设施、共享信息、共享信息状态、管理因素 5 个一级指标和 15 个二级指标，采用粗糙集和层次分析法对农产品供应链信息共享程度进行评价研究。[130]杨兴凯和王延章采用政府信息特性、政府组织之间的关系、政府组织的保障和政府信息化水平 4 个一级指标和 15 个二级指标，采用灰色模糊综合评价法计算政府组织间信息共享能力测度。[131]龚花萍和袁林娜对供应商、制造商组成的供应链信息共享程度进行评价研究，采用层次分析法和模糊评价结合的综合评价方法对供应链信息共享程度进行评价。[132]孙悦等采用 DEA 方法对网店的信息传递效率进行评价，投入指标为：商品标题优化程度、商品主图优化程度、商品详情优化程度、商品上下架时间优化程度、网店客服服务优化程度。[133]产出指标为访客数、浏览量、平均停留时长、转化率和交易额。选取了 14 家淘宝网店进行 DEA 决策单元的有效性分析并有针对性地提出改进的意见。宋立荣建立了农业科技信息质量评价指标体系，主要农业科技信息质量评价指标包括：可获得性、准确性、正确性、一致性、相关性、有用性、完整性、可理解性、客观性、适量性、及时性、有效性、可靠性、背景性和可信性等。[134]Yu 等通过 DEA 方法研究了 9 种信息共享情形下的供应链绩效，研究发现需求信息共享对提升供应链绩效方面贡献最大。[135]已有的研究对信息共享效率评价都是侧重于一个方面进行研究，而没有将信息传递过程的效率、信息本身的质量以及信息利用的效率统一综合考虑。

2. 供应链信息生态研究现状

1997 年 T. H. Davenport 和 L Prusak 在其出版的著作中首次给出了信息生态学的定义，信息生态学是指对组织内部信息利用方式产生影响的各个复杂问题采取整体的观点，显示在许多不同现象相互作用时必须利用系统观来分析问题。陈曦从信息超载、信息垄断、信息侵犯、信息污染和信息综合症五个方面剖析了信息生态失调的基本形态，然后又从信息的生产和消费、信息的储存和传递、信息的民主和法制、信息的污染和净化以及信息生态的综合治理五个方面论述了与之相应的信息生态平衡。[136]我国生态学家张新时院士对信息生态学给出了如下定义：信息生态学不仅具有信息科学的高科技与信息理论的优势，而且继承和发展了生态学的传统理论，强调对人类、生态系统及生物圈生存相关问题的综合分析研究、模拟与预测，并着眼于未来的发展与反馈作用。信息生态强调的是从系统、整体的角度管理信息，而不仅仅是强调信息技术的作用，人和环境对信息管理具有重要的影响。靖继鹏认为信息生态系统由信息、人、信息环境组成，是具有一定的自我调节能力的人工系统。[137]娄策群和周承聪认为信息人是指需要信息并参与信息活动的单个人或由多个人组成的社会组织。[138]信息生态环境是指对信息人的生存、生活和发展有直接影响的其他信息人、信息内容、信息技术、信息时空、信息制度等。韩刚和覃正从价值链的角度提出了信息生态链的概念，信息生态链是存在于特定的信息生态中的、由多种要素构成的信息共享系统。[139]信息生态链也包含了信息生态系统的三要素即信息人、信息和信息环境。信息生态链提供了一种观察和分析组织内和组织间信息共享行为的方法论。霍明奎等将信息生态链的概念引入供应链管理中，描述了供应链管理中信息的纽带连接作用，介绍了供应链信息生态链的概念、构成。[140]霍明奎等采用结构方程模型，以汽车零部件加工企业为抽样框，研究了影响供应链生态信息传递效率的因素，通过分析信息化标准程度、信息发送者的能力、意愿，得出信息接收者的接受能力、意愿，均与信息生态链传递效率相关。[141]刘雪峰和霍明奎研究了供应链信息资源利用效率评价，建立了评价指标体系，采用 DEA 方法进行了效率评价。[142]

基于信息生态学的供应链信息管理目前属于新兴的研究领域，信息生态学的内涵就是从整体的角度看待信息、人与信息环境的关系，将这种系统思想应用到供应链信息管理的具体实践中也是未来的研究方向。

2.1.5　综述评述

通过对供应链信息共享、煤炭供应链相关研究的国内外文献进行详细的梳理分析，发现现有的研究存在以下问题，仍有必要进行深入的研究。

（1）随着供应链信息共享研究的深入，供应链信息共享研究的复杂性使得在进行研究时，需要结合具体的供应链情境来分析具体的供应链信息共享价值的产生、变化的规律以及主要的影响因素，理论研究和实践中的信息共享价值的差别产生的原因还需要进行深入的研究。对于煤炭供应链上信息共享的价值产生、变化的规律还少有人研究，影响煤炭供应链信息共享价值的因素还有待进行深入分析。

（2）信息共享演化的影响因素及演化的方向还少有人研究，需要进行深入的研究，这对于煤炭供应链信息共享具有重要的意义。

（3）煤炭供应链信息共享研究主要是从信息平台的建立、信息系统的整合，从技术层面进行研究，信息共享平台和信息系统共享实施技术层面的问题目前已解决，而煤炭供应链上信息共享效率评价还少有人研究。煤炭供应链信息共享的效率会直接影响企业实施信息共享的决策，同时对于实践的信息共享也有指导意义，需要对煤炭供应链信息共享效率评价进行深入研究。

综上所述，煤炭供应链信息共享价值影响因素、信息共享演化以及煤炭供应链信息共享的效率评价都需要进行深入的研究，本书从第3章开始就分别从信息共享演化、二级煤炭供应链信息共享价值、三级煤炭供应链信息共享价值以及煤炭供应链信息共享效率评价几个方面进行研究。

2.2　相关研究理论与方法概述

2.2.1　供应链管理理论

供应链起源于美国学者提出的经济链和价值链的概念，后经发展形成了供应链的概念。随着市场竞争的日益激烈，企业之间的竞争与合作关系成为关注的热点，供应链管理也得到了广泛的应用，尤其在制造业应用尤为普遍。

　　煤炭供应链是应对市场激烈竞争的有效管理方式，煤炭供应链有别于传统的零售供应链，煤炭从矿区开采出来，经过洗选、配煤等环节将其转化成符合用户需求的产品，中间过程的价值增值环节较少，但是从生产到需求的过程中煤炭很难像传统的零售商品一样通过小件生产、按需生产等方式满足最终客户的需求，煤炭开始生产后没有特殊情形很难停工，停工会造成很大的损失。煤炭生产的计划性很强，煤炭需求对象主要是发电、钢铁、建材及化工等企业，其中电煤需求占到煤炭总需求的一半以上。电煤需求的季节性波动、煤炭运输的周期长、港口煤炭交易的方式大都采用离岸平仓的交货方式，使得末端煤炭需求小幅的波动沿着煤炭供应链向上游扩散逐级放大，煤炭生产的计划性使得煤炭生产很难及时地进行调整，因此港口煤炭库存就出现了大幅度的波动。减少港口库存大幅波动的方式就是下游能够将煤炭需求预测信息与上游的煤炭企业共享，煤炭企业在制订生产计划时能综合考虑下游提供的需求预测信息，减少为了应对不确定性而增加的库存，同时也能对港口煤炭库存的波动有所缓解。煤炭企业和下游的煤炭需求企业直接联系，减少中间的不必要环节，不仅可以减少需求波动传递的环节，同时可以节省交易成本，提高煤炭行业整体的盈利水平。

2.2.2　最优化理论

　　在科学技术、日常的生产、生活中，经常会遇到各种极小或极大化问题，对于这些问题往往可以通过事物之间的规律，用多变量的函数在一定条件下的极值问题进行描述，这就是最优化问题或者数学规划问题。本书中煤炭供应链信息共享的价值采用库存成本节约的办法进行研究，煤炭企业和煤炭需求企业在进行生产、订货决策时依据的就是利益最大化原则，属于无约束优化问题。

　　数学规划包括许多不同的分支，如线性规划、非线性规划、多目标规划、动态规划、参数规划、整数规划、随机规划、多层规划等。下面简单介绍线性规划和非线性规划的数学模型。

1. 线性规划

建立优化问题的数学模型，首先要确定问题的决策变量，用 n 维向量 $\boldsymbol{x} = (x_1, x_2, \cdots, x_n)^\mathrm{T}$ 表示，然后构造模型的目标函数 $f(\boldsymbol{x})$ 和允许取值的范围 $\boldsymbol{x} \in \Omega$，$\Omega$ 称为可行域，常用一组不等式（或等式）$g_i(\boldsymbol{x}) \leqslant 0 (i = 1, 2, \cdots, m)$ 来界定。

一般的，这类模型可表述为以下形式：

$$\min z = f(\boldsymbol{x}) \tag{2-1}$$

$$\text{s. t.} \quad g_i(\boldsymbol{x}) \leqslant 0 \quad (i = 1, 2, \cdots, m) \tag{2-2}$$

由公式（2-1）、公式（2-2）组成的模型属于约束优化，若只有公式（2-1）就是无约束优化。$f(\boldsymbol{x})$ 为目标函数，$g_i(\boldsymbol{x}) \leqslant 0$ 为约束条件。在优化模型中，如果目标函数 $f(\boldsymbol{x})$ 和约束条件 $g_i(\boldsymbol{x})$ 都是线性函数，则该模型称为线性规划。决策变量、目标函数、约束条件构成了线性规划的 3 个基本要素。线性规划的理论和算法已经相对成熟，求解线性规划问题的算法是 Dantzig 在 1947 年提出的单纯形法（simplex method），它是解决线性规划问题最有效的工具之一。自 20 世纪 80 年代起，求解线性规划问题的多项式算法得到了很大发展，1984 年印度数学家提出的内点法受到广泛的重视，目前内点法成为解决线性规划问题的主要算法之一。

2. 无约束优化及非线性规划数学模型

非线性规划的数学模型一般可表示为

$$\min z = f(x) \tag{2-3}$$

$$\text{s. t.} \quad \begin{cases} g_i(x) \geqslant 0, & i = 1, 2, \cdots, m \\ h_j(x) = 0, & j = 1, 2, \cdots, l \\ x \in X \end{cases} \tag{2-4}$$

其中，$\boldsymbol{X} = (x_1, x_2, \cdots, x_n)^\mathrm{T} \in E^n$，表示 $\boldsymbol{X}$ 是 n 维欧式空间 E^n 中的向量或点，f, g_i, h_j 是定义在 E^n 上的实值函数，简记为

$$f: E^n \to E^l, g_i: E^n \to E^l, h_j: E^n \to E^l$$

如果采用向量表示法，则可以写成：

$$\min \quad f(\boldsymbol{X}) \tag{2-5}$$

$$\text{s. t.} \quad \begin{cases} g(\boldsymbol{X}) \geqslant 0 \\ h(\boldsymbol{X}) = 0 \end{cases} \tag{2-6}$$

其中：

$$\boldsymbol{g}(\boldsymbol{X}) = (g_1(\boldsymbol{X}), g_2(\boldsymbol{X}), \cdots, g_m(\boldsymbol{X}))^{\mathrm{T}}$$

$$\boldsymbol{h}(\boldsymbol{X}) = (h_1(\boldsymbol{X}), h_2(\boldsymbol{X}), \cdots, h_l(\boldsymbol{X}))^{\mathrm{T}}$$

即 $\boldsymbol{g}, \boldsymbol{h}$ 分别是定义在 E^n 上而取值于 E^m，E^l 的向量函数，简记为

$$\boldsymbol{g}: E^n \to E^m, \boldsymbol{h}: E^n \to E^l$$

无约束的优化问题可以表示为 $\min\limits_{\boldsymbol{X} \in E^n} f(\boldsymbol{X})$。求解无约束优化常用的方法有最速下降法、牛顿法、拟牛顿法和共轭梯度法等。

2.2.3　博弈论

1944 年美国数学家冯·诺伊曼和经济学家奥斯卡·摩根斯坦（Oskar Morgenstern）的著作《博弈论与经济行为》（*Theory of Game and Economic Behavior*）确立了博弈论这门学科，该书介绍了当时博弈论的研究成果并将其理论框架完整地表述出来。书中讨论了零和博弈，对合作博弈（cooperative game）作了深入探讨，并开辟了一些新的研究领域。书中提出了联盟博弈、稳定集、解概念、可转移效用、核心等重要概念与思想。这本著作燃起了人们将理论应用于解决实际经济问题的热情。由于传统的新古典经济学都是以价格制度作为自己的研究对象，假定市场是完全竞争和对称信息。个体做决策时通常不考虑其他行为主体的选择，仅考虑在给定的价格参数和收入条件下如何决策使自己的效用最大化。这样的假定在现实的经济活动中条件很难满足。博弈论研究行为主体之间的对策行为，对经典的经济理论是很好的补充。

20 世纪 50 年代，博弈论取得了突破性的发展。纳什提出了博弈论中最重要的概念——纳什均衡，奠定了非合作博弈（non-cooperative game）的理论基础，从此开创了一个全新的研究领域。20 世纪 60 年代是博弈论的成熟期。不完全信息与非转移效用联盟博弈的提出，使博弈论的应用更为广泛。基本概念得到了更为系统的阐述与澄清，博弈论发展成了完整而系统的体系。20 世纪

70 年代以后，博弈论在各个研究领域都取得了突破，博弈论对其他学科的研究产生重要的影响，随着信息技术的快速发展使得博弈模型可以研究更加复杂的、需要大规模运算的问题，博弈论的理论体系进一步得到完善。20 世纪 80 年代兴起的演化博弈，代表了博弈论的一个重要的发展方向。在应用上，非合作博弈理论应用于大批特殊的经济模型，博弈论的研究领域开始扩展到生物学、计算机科学和哲学等领域。

博弈论也称对策论，它是研究决策主体的行为发生直接相互作用时所进行的决策以及这种决策的均衡问题。一般来说，一个完整的博弈包含如下四个基本要素。

（1）参与人（player），也称为局中人。它是一个博弈中的决策主体，它的目的是通过选择行动或策略以最大化自身的支付水平。参与人可能是自然人，也可能是团体，如企业、国家，甚至若干个国家组成的组织。这里重要的是，每个参与人必须有可供提供的行动和一个很好定义的偏好函数。

（2）策略（strategies）。它是参与人在给定信息集的情况下的行动规则，它规定参与人在什么时候选择什么行动。因为信息集包含了一个参与人有关其他参与人之前行动的知识，策略告诉该参与人如何对其他参与人的行动做出反应，因而策略是参与人的行动方案。

（3）信息（information）。它是参与人有关博弈的知识，特别是有关"自然"的选择、其他参与人的特征和行动的知识。信息集（information set）是博弈论中描述参与人信息特征的一个基本概念，可以将其理解为参与人在特定时刻有关变量的值的知识。共同知识（common knowledge）是与信息相关的一个重要概念，它指的是"所有参与人知道，所有参与人知道所有参与人知道，所有参与人知道所有参与人知道所有参与人知道，如此循环"的知识。

（4）支付（payoff）。在博弈论中，支付或者是指在一个特定的策略组合下参与人得到的确定效用水平，或者是指参与人得到的期望效用水平。

严格意义上讲，博弈论并非经济学的分支，而是一种普遍适用于经济、政治、军事、外交、法律等广泛领域的数学方法。根据博弈的"信息"特征，博弈可划分为完全信息博弈和不完全信息博弈。根据博弈的"时序"特征，博弈可划分为静态博弈和动态博弈。将上述两个角度的划分结合起来，可以得到四种不同类型的博弈：完全信息静态博弈、完全信息动态博弈、不完全信息静态博弈和不完全信息动态博弈。与这四类博弈相对应的是四个均衡概念，即纳什均衡（Nash equilibrium）、子博弈精炼纳什均衡（sub-game perfect Nash equilibrium）、贝叶斯纳什均衡（Bayesian Nash equilibrium），以及精炼贝叶斯纳什均衡（perfect Bayesian Nash equilibrium）。此外，根据局中人是否合作，博弈可分为结盟博弈（coalition game）和不结盟博弈（non-coalition game）。不结盟博弈是结盟博弈的一种特殊形式（即在结盟博弈中每个联盟只由一个局中人组成）。根据可供局中人选取的策略是否有限，博弈可分为有限博弈和无限博弈。在一局博弈中，如果各局中人的策略集合是有限集合，则称之为有限博弈（limited game）；而如果是无限集合，则称之为无限博弈（unlimited game）。根据全体局中人的支付总和是否为零，博弈可分为零和博弈和非零和博弈。

供应链中的各节点企业可以看作博弈研究中的各参与人，每个参与人都有自己的策略集，同时每个参与人选择不同的策略对其他节点（参与人）的支付产生影响，供应链上下游企业、同一水平的企业之间竞争与合作关系都可以采用博弈来研究。博弈论在供应链质量管理、定价研究、供应链协调、风险管理、库存管理中得到了广泛的应用。研究中常用的博弈模型有 Stackelberg 博弈模型、委托-代理理论、信号博弈模型、Bertrand 模型、演化博弈模型等。

两条存在竞争关系的煤炭供应链，煤炭企业的信息共享决策受到与之存在竞争关系的煤炭企业信息共享决策的影响，也就是煤炭企业信息共享的收益函数与另外的与之有竞争关系的煤炭企业有关，此时博弈的双方就是两家存在竞争关系的煤炭企业。理性人假定是来源于传统经济学的经纪人假定，为了研究的方便省略了一些变量，然而实际中煤炭企业决策者很难达到理性人假定，决策者做决策的过程受到诸多因素的影响而非单一因素影响，因此煤炭供应链上信息共享决策属于非理性人决策，而是有限理性人。有限理性的假定更加符合实际，有限理性意味着煤炭企业决策者往往不会一开始就找到最优策略，会通过博弈过程中的学习，通过试错来寻找较好的策略，因此均衡是一个不断调整的过程，煤炭企业群体的信息共享决策也是非理性博弈，通过学习和动态调整策略达到稳定均衡。

2.2.4 模糊 DEA 模型

传统的 DEA 模型用来评价具有精确投入和产出的决策单元评价，对于模糊的投入产出问题，需要采用模糊 DEA 评价模型。下面简要介绍模糊 DEA 评价模型。

设有 n 个生产决策单元，每个决策单元都有 m 种输入和 s 种输出。第 j 个决策单元 DMU_j 的投入、产出向量分别为 $\widetilde{X}_j = (\tilde{x}_{1j}, \tilde{x}_{2j}, \cdots, \tilde{x}_{mj})^T > 0$，$\widetilde{Y}_j = (\tilde{y}_{1j}, \tilde{y}_{2j}, \cdots, \tilde{y}_{sj})^T > 0$，$j = 1, 2, \cdots, n$，其中 $\tilde{x}_{ij}$ 表示第 j 个决策单元的第 i 种投入的量，$\tilde{y}_{rj}$ 表示 j 个决策单元的第 r 种产出的量。第 j_0 个决策单元 DMU_{j_0} 为被评价单元，简记为 DMU_0。投入产出向量分别为 $\widetilde{X}_{j_0}$ 和 $\widetilde{Y}_{j_0}$，简记为 $\widetilde{X}_0$ 和 $\widetilde{Y}_0$。DMU_0 基于投入的相对有效性评价模型为（以 $C^2R - D$ 模型为例）

$$\min \theta$$

$$\text{s. t.} \quad \sum_{j=1}^{n} \lambda_j \widetilde{X}_j + S^- = \theta \widetilde{X}_0$$

$$\sum_{j=1}^{n} \lambda_j \widetilde{Y}_j - S^+ = \widetilde{Y}_0$$

$$\lambda_j \geqslant 0, \ j = 1, \cdots, n$$

$$S^- \geqslant 0, S^+ \geqslant 0 \qquad (2-7)$$

模糊 DEA 模型（2-7）的经济意义和确定型 DEA 的经济意义相同，它所对应的模糊生产可能集为

$$\widetilde{T}_{C^2R} = \left\{ (\widetilde{X}, \widetilde{Y}) \mid \sum_{j=1}^{n} \lambda_j \widetilde{X}_j \leqslant \widetilde{X}, \sum_{j=1}^{n} \lambda_j \widetilde{Y}_j \geqslant \widetilde{Y}, \lambda_j \geqslant 0, \quad j = 1, 2, \cdots, n \right\}$$

由于 $\widetilde{X}, \widetilde{Y}$ 为模糊向量，而且因为至少存在一个 $\lambda_j > 0$，所以 $\sum_{j=1}^{n} \lambda_j \widetilde{X}_j$，$\sum_{j=1}^{n} \lambda_j \widetilde{Y}_j$ 仍为模糊向量。因为生产可能集满足无效性[143]，故 $\widetilde{T}_{C^2R}$ 中只允许严格 " $\geqslant$ " " $\leqslant$ "，而不存在 " $\overset{\sim}{\geqslant}$ " " $\overset{\sim}{\leqslant}$ "。

2.3　本章小结

本章通过对供应链信息共享、煤炭供应链、供应链信息共享效率评价相关研究的文献进行梳理，总结了相关研究的国内外研究现状，得出本书的研究方向。同时还简要地介绍了本书后续研究所采用的相关理论与研究方法——供应链管理的基本理论、最优化理论、博弈论和模糊 DEA 评价方法。

3　煤炭供应链及信息共享演化

本章首先介绍了煤炭供应链与传统制造业供应链的不同之处，其次介绍了常见的煤炭供应链结构，以及本研究所采用的煤炭供应链结构，接下来介绍了煤炭供应链上的信息类型，最后通过演化博弈分析了煤炭供应链信息共享的主导者——煤炭企业的信息共享演化方向及影响因素。

3.1　煤炭供应链特征

煤炭供应链与一般的制造业供应链相比具有特殊的性质，从以下四个方面分别介绍[12]。

（1）煤炭供应链由市场经济下的相关企业构成，追逐自身利益最大化是企业的基本目标。除了一般制造业企业追寻的收益最大化目标外，煤炭作为我国主要的能源，在国民经济中占有重要的位置，因此煤炭供应链还要发挥供应保障的功能。

（2）煤炭资源的形成受到自然条件的影响，受此影响，煤炭供应链的起点——煤炭生产企业具有地域上的依赖性，产品的品种、质量及成本都由赋存条件决定，而无一般的制造业企业在选址、产品品种选择上具有的灵活性。

（3）煤炭供应链构成节点较稳定，但界面关系复杂。一般的制造业供应链，合作伙伴众多，供应链管理研究更加侧重于合作伙伴的选择。我国的煤炭供应链国有大型企业占有较大的比例，市场机制难以在供应链优化中完全发挥作用。

（4）煤炭供应链的运行受国家政策的影响较大。煤炭供应关乎国家能源安全和国民经济发展，政府部门必要时会对煤炭从生产到消费的各环节进行调控和管理。

以上是煤炭供应链有别于一般的制造业供应链的特点，除此之外，煤炭供应链还具有一般制造业供应链的普遍特点。

3.2　煤炭供应链结构

煤炭供应链有别于一般的制造业供应链，从供应链结构上看，我国的煤炭供应链结构也与一般的制造业供应链结构有所不同。我国的煤炭供应链结构更加复杂，结构类型更多。近几年我国煤炭行业不断调整产业结构，淘汰落后产能，生产的集约化、规模化得到一定的提升，但是煤炭产业集中度仍然较低，低效企业仍然占据大量的资源，复杂的产业结构造成我国煤炭供应链的结构相较于国外煤炭供应链的结构更为复杂，下面将介绍两类常见的煤炭供应链结构及本书所采用的煤炭供应链结构。

3.2.1　煤炭供应链的第一类结构

本书的煤炭供应链是指从煤炭资源的获取、洗选、配煤加工、运输、存储最终到达煤炭用户之间的所有参与主体所构成的网络结构。我国煤炭生产地和消费地的分布不平衡，致使煤炭需要长距离运输，运输的路线长，不确定性高，造成煤炭供需不平衡，为此国家十三五规划中强化大型煤炭基地建设，我国主要有陕北、神东、黄陇、新疆等四个大型煤炭基地，同时煤炭基地大力发展煤炭一体化加工，减少原煤的外调。以大型煤炭基地为中心的煤炭一体化形成了煤炭供应链就地转换的煤炭供应链结构，如图3-1所示。该结构下，原煤由煤炭生产企业开采出来，经过洗选、配煤企业的加工处理后，交由煤炭运输企业送到煤炭需求企业，煤炭运输企业主要包括铁路运输企业和公路运输企业，煤炭需求企业此处主要以电力企业、煤制油、煤制天然气等煤化工企业为主，还包括钢铁企业、建材企业、供热企业等。

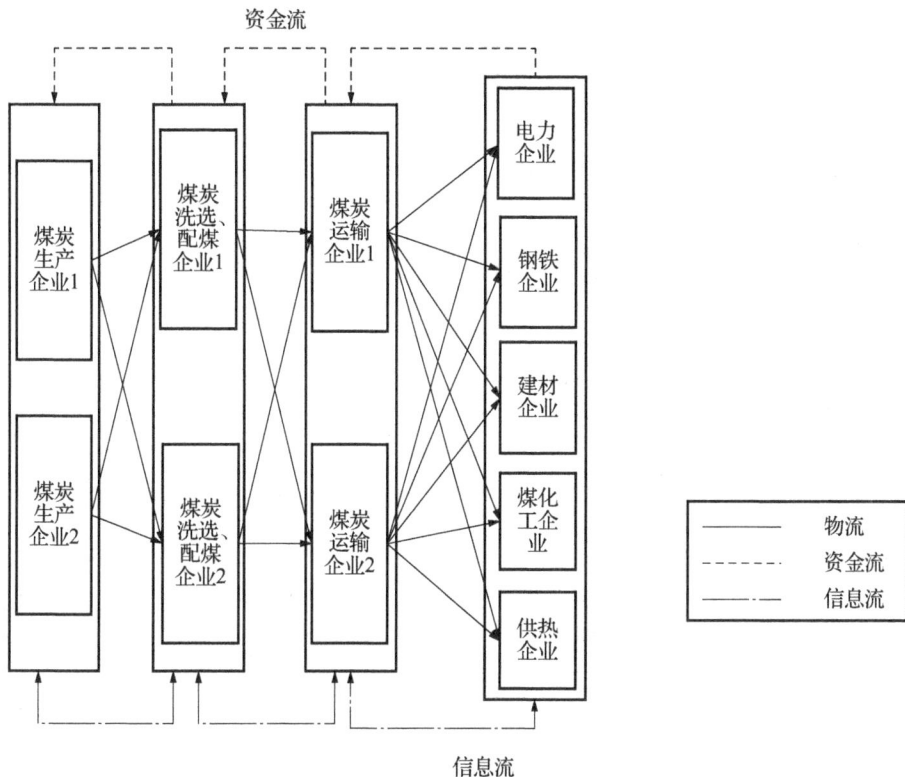

图 3-1　第一类煤炭供应链结构图

3.2.2　煤炭供应链的第二类结构

根据我国煤炭工业发展"十三五"规划，预计 2020 年，煤炭调出省区净调出量为 16.6 亿 t，其中晋陕蒙地区为 15.85 亿 t，主要调往华东、京津冀、中南、东北地区及四川、重庆；新疆为 0.2 亿 t，主要供应甘肃西部，少量供应四川、重庆；贵州为 0.55 亿 t，主要调往云南、湖南、广东、广西、四川、重庆。长距离的煤炭外调形成了煤炭供应链的第二类结构，如图 3-2 所示。第二类结构下，煤炭从生产企业开采出来，经过洗选、配煤加工后通过铁路运输、水运及公路运输，到达港口等集运中心，然后再从集运中心将煤炭发送给下游的煤炭需求企业。

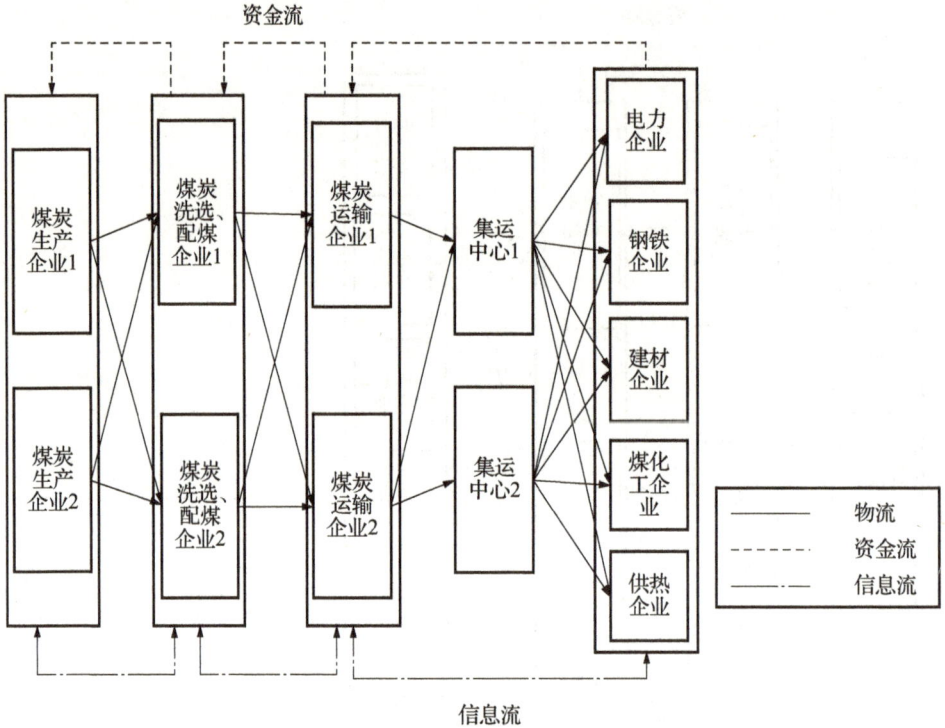

图 3 - 2　第二类煤炭供应链结构图

3.2.3　本书采用的煤炭供应链结构

　　我国许多大型煤炭企业集团集合了煤炭开采、煤炭洗选、煤炭加工和煤炭运输等多项功能，因此第 4 章研究时将第一类煤炭供应链结构中的煤炭生产企业、煤炭洗选、配煤企业、煤炭运输企业统称为煤炭企业，下游的电煤企业、钢铁企业、建材企业、化工企业和供热企业统称为煤炭需求企业，第 4 章研究所采用的供应链结构图如图 3 - 3 所示。

　　煤炭高温干馏后得到的焦炭可以用于高炉冶炼、铸造，一般大型的钢铁企业配套建设焦炭生产线，但由于我国特大型钢铁企业往往布局在大城市，环保容量的限制使得部分大型钢铁企业焦炭产量不能满足自身需要，需要从焦化企业购入焦炭，因此，本书第 5 章研究以煤炭企业、焦炭生产企业和钢铁企业组成的三级煤炭供应链信息共享，其供应链结构如图 3 - 4 所示。

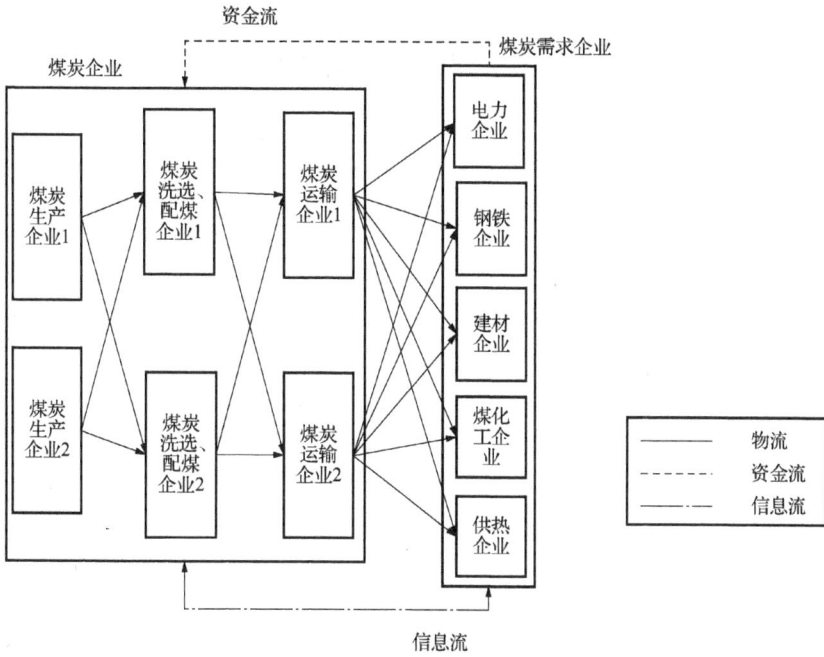

图 3-3 合并后的煤炭供应链结构图

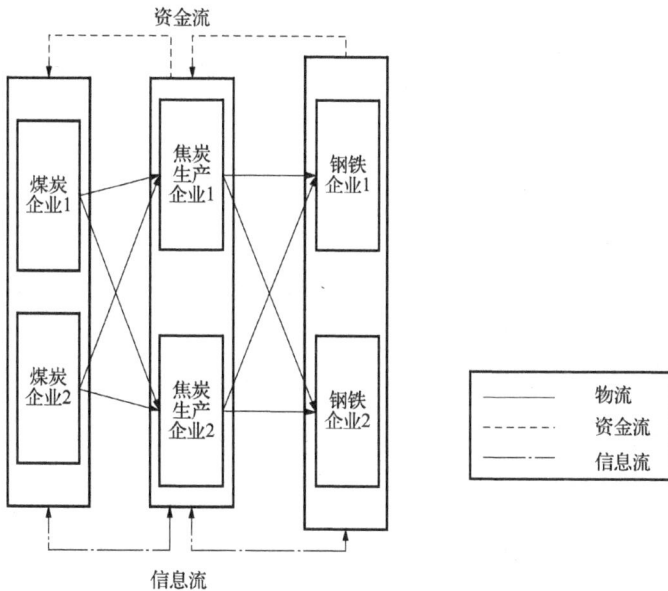

图 3-4 焦炭供应链结构图

3.3 煤炭供应链信息

煤炭供应链上产生的信息主要包括以下几类。

（1）煤炭生产计划信息，主要包括煤炭年度生产计划及各季度、月度的煤炭生产计划。

（2）煤炭销售信息，主要包括每日、月度、季度和年度的原煤和商品煤的销售量信息、价格信息、客户信息等。

（3）库存水平信息，主要包括煤炭企业的库存信息、港口码头的原煤和商品煤库存信息，煤炭需求企业的原煤、商品煤库存信息等。

（4）订单状态信息，包括订单下达后所处的状态信息，煤炭运输过程中的位移信息等。

（5）成本信息，包括煤炭企业、煤炭需求企业的各项固定成本、变动成本信息。

（6）销售收入信息，包括煤炭企业的原煤、商品煤销售收入信息、煤炭需求企业的销售收入信息等。

（7）煤炭需求信息，指煤炭需求企业对未来煤炭的需求的判断，预测下个月、下个季度或年度的煤炭需求量信息等。

（8）市场实际需求信息，指煤炭需求企业收集到的煤炭实际需求信息。

（9）生产能力信息，指煤炭企业和煤炭需求企业的生产能力情况。

（10）煤炭调度信息，指企业内部的生产调度信息，还包括国家为了保障能源安全，政府临时的煤炭调度信息。

（11）决策偏差信息，指煤炭需求企业从国家政策、自身库存水平、市场预测等综合考虑后，实际的煤炭订购数量与理论模型订货量之间的差距。

上述信息中，煤矿的生产能力是国家核定的，生产能力信息可以公开获得，因此不需要共享。煤炭供应链可共享的信息主要有煤炭销售信息、煤炭需求信息、预测误差信息和库存信息等。此类信息是煤炭企业和煤炭需求企业的私有信息，可以通过信息共享协议与上下游的企业进行共享。煤炭企业内部的调度信息对于下游企业价值不高，一般也不需要共享，国家的临时调度信息也不在本书研究范围之内。煤炭供应链上各节点一般都保有一定的库存，下游通过上游库存的变化来调整自身的需求，因此本书主要研究煤炭需求信息的共享。

3.4　信息共享演化

本节主要研究煤炭供应链信息共享的主导者——煤炭企业信息共享演化的影响因素。已有的理论研究表明信息共享可以缓解牛鞭效应、降低库存水平、提高客户满意度，然而实践中信息共享并没有普遍的实施，煤炭行业实现信息共享的企业更是寥寥无几，煤炭企业在选择是否进行信息共享时，除了考虑自身的成本收益影响之外，还会考虑竞争对手企业的信息共享策略。信息共享决策本身是个复杂决策，决策者很难按照完全理性进行决策，演化博弈有限理性很适合分析信息共享决策，博弈双方是存在竞争关系的煤炭企业，煤炭企业决策者往往很难一开始就找到最优策略，会通过博弈过程中的学习，不断通过试错来寻找较好的策略，因此均衡是一个不断的调整过程，本节研究哪些因素影响煤炭企业信息共享的决策，以及整个煤炭行业信息共享的演化。

3.4.1　研究假定

本节所研究的煤炭市场中假定所有的煤炭企业生产规模、生产能力均相同。已有研究表明，煤炭出厂价格变动对煤炭需求变动影响不大[144]，因此本研究中没有引入煤炭需求价格函数，煤炭企业的决策主要是产量决策，侧重从管理角度进行分析。煤炭企业的成本主要包括生产变动成本、固定成本和库存成本。生产变动成本有原煤开采变动成本、洗选变动成本和运输变动成本。由于固定成本受到信息共享影响较小，本书中不予考虑。信息共享主要影响生产变动成本和库存成本，因此收益矩阵成本因素主要分析生产变动成本和库存成本。

（1）原煤开采变动成本为 $C_1 = c_1q$，其中 c_1 为单位原煤的开采变动成本，

q 为原煤产量。原煤开采变动成本分别包括材料费、配件费、职工薪酬、电费、维修费、井巷开拓费、矿井勘探费、安全费、维简费等。

（2）洗选变动成本为 $C_2 = c_2 q_2$，其中 c_2 为单位商品煤的洗选变动成本，q_2 为折合后洗出的商品煤量。洗选变动成本分别包括材料费、配件费、职工薪酬、电费、水费、维修费、洗耗成本、矸石运输费、矸石治理费等。

（3）铁路运输变动成本为 $C_{3r} = c_{3r} q_{3r}$，分别包括职工薪酬、维修费、煤场推煤费、装卸费、铁路运费、港杂费、港口堆存费和销售费用等，其中 c_{3r} 为单位商品煤的铁路运输变动成本，q_{3r} 为商品煤铁路运输量。公路运输变动成本为 $C_{3h} = c_{3h} q_{3h}$，其中 c_{3h} 为单位商品煤的公路运输变动成本，q_{3h} 为商品煤公路运输量。

（4）库存成本，煤炭企业无信息共享时的库存成本为 $C_{hp} = C_p I_t + C_t I_t$，其中 C_p 为每吨商品煤的港杂费，C_t 为堆期费，I_t 为港口商品煤月平均库存水平。

（5）本书假定 r 为竞争企业采用信息共享策略对本企业的影响，市场需求一定的条件下，煤炭企业共享信息时，竞争企业如果没有共享信息，此时没有信息共享的企业商品煤的需求波动就会较之前波动增大，该波动主要影响库存成本，此处 $r > 1$。

（6）本书假定信息共享成本为 C_i，$C_i = cn$，c 为信息共享企业纯粹为实现信息共享所付出的所有成本，n 为信息共享度，$0 \leqslant n \leqslant 1$。煤炭企业信息共享的成本包括建立专用的信息共享系统或平台的费用，系统升级、维护的费用，以及相关技术人员的工资费用等。

（7）假定第 i 种商品煤平仓合同价格为 p_i，销售量为 q_{is}。

（8）信息共享前煤炭企业依据原有的计划和年度计划制订月度计划，信息共享后，煤炭企业根据共享的需求信息制订年度计划并及时调整月度计划，通过信息共享后，煤炭企业的原煤开采变动成本为 $C'_1 (= c_1 q')$，洗选变动成本为 $C'_2 (= c_2 q'_2)$，铁路运输变动成本为 $C'_{3r} (= c_{3r} q'_{3r})$，公路运输变动成本为 $C'_{3h} (= c_{3h} q'_{3h})$，信息共享后的库存成本为 C'_{hp}。

3.4.2 演化博弈模型

考虑同一级别的上游煤炭企业，分别为煤炭企业 1 和煤炭企业 2，假定煤炭企业中选择信息共享的企业所占的比例为 P，则选择不共享信息的企业所占的比例为 $1-P$，本书所研究的煤炭企业收益是指煤炭企业的收入减去各项相关成本后得到的收益，建立煤炭企业在信息共享和无信息共享下的收益矩阵如表 3-1 所示。

表 3-1　煤炭企业两种信息共享策略下的收益矩阵

		煤炭企业 2	
		共享信息 S	无信息共享 N
煤炭企业 1	共享信息 S	$\sum_{i=1}^{n} p_i q_{is} - c_1 q' - c_2 q'_2 - c_{3r} q'_{3r} - c_{3h} q'_{3h} - C'_{hp} - cn$	$\sum_{i=1}^{n} p_i q_{is} - c_1 q' - c_2 q'_2 - c_{3r} q'_{3r} - c_{3h} q'_{3h} - C'_{hp} - cn$
		$\sum_{i=1}^{n} p_i q_{is} - c_1 q' - c_2 q'_2 - c_{3r} q'_{3r} - c_{3h} q'_{3h} - C'_{hp} - cn$	$\sum_{i=1}^{n} p_i q_{is} - c_1 q - c_2 q_2 - c_{3r} q_{3r} - c_{3h} q_{3h} - r C_{hp}$
	无信息共享 N	$\sum_{i=1}^{n} p_i q_{is} - c_1 q - c_2 q_2 - c_{3r} q_{3r} - c_{3h} q_{3h} - r C_{hp}$	$\sum_{i=1}^{n} p_i q_{is} - c_1 q - c_2 q_2 - c_{3r} q_{3r} - c_{3h} q_{3h} - C_{hp}$
		$\sum_{i=1}^{n} p_i q_{is} - c_1 q' - c_2 q'_2 - c_{3r} q'_{3r} - c_{3h} q'_{3h} - C'_{hp} - cn$	$\sum_{i=1}^{n} p_i q_{is} - c_1 q - c_2 q_2 - c_{3r} q_{3r} - c_{3h} q_{3h} - C_{hp}$

根据上述的收益矩阵，共享信息的煤炭企业期望收益：

$$u_s = P\left(\sum_{i=1}^{n} p_i q_{is} - c_1 q' - c_2 q'_2 - c_{3r} q'_{3r} - c_{3h} q'_{3h} - C'_{hp} - cn \right)$$

$$+ (1-P)\left(\sum_{i=1}^{n} p_i q_{is} - c_1 q' - c_2 q'_2 - c_{3r} q'_{3r} - c_{3h} q'_{3h} - C'_{hp} - cn \right)$$

$$= \sum_{i=1}^{n} p_i q_{is} - c_1 q' - c_2 q'_2 - c_{3r} q'_{3r} - c_{3h} q'_{3h} - C'_{hp} - cn$$

无信息共享的煤炭企业期望收益：

$$u_n = P\left(\sum_{i=1}^{n} p_i q_{is} - c_1 q - c_2 q_2 - c_{3r} q_{3r} - c_{3h} q_{3h} - r C_{hp} \right)$$

$$+ (1 - P)(\sum_{i=1}^{n} p_i q_{is} - c_1 q - c_2 q_2 - c_{3r} q_{3r} - c_{3h} q_{3h} - C_{hp})$$

$$= P(1 - r)C_{hp} + (\sum_{i=1}^{n} p_i q_{is} - c_1 q - c_2 q_2 - c_{3r} q_{3r} - c_{3h} q_{3h} - C_{hp})$$

则煤炭企业群体的平均期望收益：

$$\bar{u} = Pu_s + (1 - P)u_n$$

建立煤炭企业的复制动态方程：

$$F(P) = \frac{d_p}{d_t} = P(u_s - \bar{u}) = P(1 - P)(u_s - u_n)$$

$$= P(1 - P)\big[c_1(q - q') + c_2(q_2 - q_2') + c_{3r}(q_{3r} - q_{3r}')$$

$$+ c_{3h}(q_{3h} - q_{3h}') + C_{hp} - C_{hp}' - cn - PC_{hp}(1 - r)\big]F'(P)$$

$$= (1 - 2P)\big[c_1(q - q') + c_2(q_2 - q_2') + c_{3r}(q_{3r} - q_{3r}') + c_{3h}(q_{3h} -$$

$$q_{3h}') + C_{hp} - C_{hp}' - cn - PC_{hp}(1 - r)\big] - P(1 - P)(1 - r)C_{hp}$$

令 $F(P) = 0$，解得 $P^* = 0$，$P^* = 1$，

$$P^* = \frac{c_1(q - q') + c_2(q_2 - q_2') + c_{3r}(q_{3r} - q_{3r}') + c_{3h}(q_{3h} - q_{3h}') + C_{hp} - C_{hp}' - cn}{(1 - r)C_{hp}}$$

3.4.3 信息共享演化

由复制动态方程的稳定性及演化稳定策略性质知，当 $F(P) = 0$，$F'(P) < 0$ 时，P^* 为演化稳定策略。讨论如下。

1. 当 $P^* = 0$ 时

$$F'(P) = c_1(q - q') + c_2(q_2 - q_2') + c_{3r}(q_{3r} - q_{3r}') + c_{3h}(q_{3h} - q_{3h}') + C_{hp} - C_{hp}' - cn$$

（1）当 $c_1(q - q') + c_2(q_2 - q_2') + c_{3r}(q_{3r} - q_{3r}') + c_{3h}(q_{3h} - q_{3h}') + C_{hp} - C_{hp}' - cn > 0$ 时，$F'(P) > 0$。

（2）当 $c_1(q - q') + c_2(q_2 - q_2') + c_{3r}(q_{3r} - q_{3r}') + c_{3h}(q_{3h} - q_{3h}') + C_{hp} - C_{hp}' - cn < 0$ 时，$F'(P) < 0$

可得 $P^* = 0$ 为稳定策略点。

2. 当 $P^* = 1$ 时

$$F'(P) = C'_{hp} + cn - rC_{hp} - c_1(q - q') - c_2(q_2 - q'_2) - c_{3r}(q_{3r} - q'_{3r}) - c_{3h}(q_{3h} - q'_{3h})$$

（1）当 $C'_{hp} + cn - rC_{hp} - c_1(q - q') - c_2(q_2 - q'_2) - c_{3r}(q_{3r} - q'_{3r}) - c_{3h}(q_{3h} - q'_{3h}) > 0$ 时，$F'(P) > 0$。

（2）当 $C'_{hp} + cn - rC_{hp} - c_1(q - q') - c_2(q_2 - q'_2) - c_{3r}(q_{3r} - q'_{3r}) - c_{3h}(q_{3h} - q'_{3h}) < 0$ 时，$F'(P) < 0$

可得 $P^* = 1$ 为稳定策略点。

3. 当 $P^* = \dfrac{c_1(q - q') + c_2(q_2 - q'_2) + c_{3r}(q_{3r} - q'_{3r}) + c_{3h}(q_{3h} - q'_{3h}) + C_{hp} - C'_{hp} - cn}{(1 - r)C_{hp}}$ 时

$$F'(P) = \left[c_1(q - q') + c_2(q_2 - q'_2) + c_{3r}(q_{3r} - q'_{3r}) + c_{3h}(q_{3h} - q'_{3h}) + C_{hp} - C'_{hp} - cn \right]$$

$$\left[1 - \frac{c_1(q - q') + c_2(q_2 - q'_2) + c_{3r}(q_{3r} - q'_{3r}) + c_{3h}(q_{3h} - q'_{3h}) + C_{hp} - C'_{hp} - cn}{(1 - r)C_{hp}} \right]$$

（1）当 $c_1(q - q') + c_2(q_2 - q'_2) + c_{3r}(q_{3r} - q'_{3r}) + c_{3h}(q_{3h} - q'_{3h}) + C_{hp} - C'_{hp} - cn > 0$ 时，且 $c_1(q - q') + c_2(q_2 - q'_2) + c_{3r}(q_{3r} - q'_{3r}) + c_{3h}(q_{3h} - q'_{3h}) + rC_{hp} - C'_{hp} - cn > 0$，$F'(P) > 0$。

（2）当 $c_1(q - q') + c_2(q_2 - q'_2) + c_{3r}(q_{3r} - q'_{3r}) + c_{3h}(q_{3h} - q'_{3h}) + C_{hp} - C'_{hp} - cn < 0$ 时，且 $c_1(q - q') + c_2(q_2 - q'_2) + c_{3r}(q_{3r} - q'_{3r}) + c_{3h}(q_{3h} - q'_{3h}) + rC_{hp} - C'_{hp} - cn < 0$，$F'(P) > 0$。

（3）当 $c_1(q - q') + c_2(q_2 - q'_2) + c_{3r}(q_{3r} - q'_{3r}) + c_{3h}(q_{3h} - q'_{3h}) + C_{hp} - C'_{hp} - cn < 0$ 时，且 $c_1(q - q') + c_2(q_2 - q'_2) + c_{3r}(q_{3r} - q'_{3r}) + c_{3h}(q_{3h} - q'_{3h}) + rC_{hp} - C'_{hp} - cn > 0$，$F'(P) < 0$，

可得 $P^* = \dfrac{c_1(q - q') + c_2(q_2 - q'_2) + c_{3r}(q_{3r} - q'_{3r}) + c_{3h}(q_{3h} - q'_{3h}) + C_{hp} - C'_{hp} - cn}{(1 - r)C_{hp}}$

为稳定策略点。

煤炭企业信息共享演化博弈的稳定策略点及满足的条件见表 3-2。

表 3 - 2   煤炭企业信息共享博弈的稳定策略点及满足的条件

稳定策略点	条 件
$P^* = 0$	$c_1(q - q') + c_2(q_2 - q_2') + c_{3r}(q_{3r} - q_{3r}') + c_{3h}(q_{3h} - q_{3h}') + C_{hp} - C_{hp}' - cn < 0$
$P^* = 1$	$C_{hp}' + cn - rC_{hp} - c_1(q - q') - c_2(q_2 - q_2') - c_{3r}(q_{3r} - q_{3r}') - c_{3h}(q_{3h} - q_{3h}') < 0$
$P^* = \dfrac{c_1(q - q') + c_2(q_2 - q_2') + c_{3r}(q_{3r} - q_{3r}') + c_{3h}(q_{3h} - q_{3h}') + C_{hp} - C_{hp}' - cn}{(1 - r)C_{hp}}$	$c_1(q - q') + c_2(q_2 - q_2') + c_{3r}(q_{3r} - q_{3r}') + c_{3h}(q_{3h} - q_{3h}') + C_{hp} - C_{hp}' - cn < 0$,且 $c_1(q - q') + c_2(q_2 - q_2') + c_{3r}(q_{3r} - q_{3r}') + c_{3h}(q_{3h} - q_{3h}') + rC_{hp} - C_{hp}' - cn > 0$

3.4.4   信息共享演化稳定策略

由上述的演化稳定点条件,分析如下。

(1) 当信息共享的成本 $cn > c_1(q - q') + c_2(q_2 - q_2') + c_{3r}(q_{3r} - q_{3r}') + c_{3h}(q_{3h} - q_{3h}') + C_{hp} - C_{hp}'$ 时,$P^* = 0$ 是唯一的 ESS。煤炭企业的复制动态相位图 I 如图 3 - 5 所示。

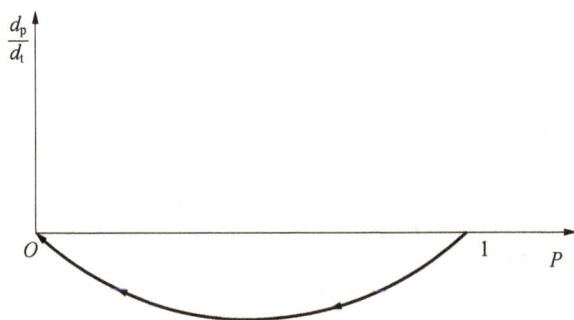

图 3 - 5   煤炭企业的复制动态相位图 I

信息共享的成本越大,煤炭企业选择信息共享策略的比例越低,当信息共享的成本 $cn > c_1(q - q') + c_2(q_2 - q_2') + c_{3r}(q_{3r} - q_{3r}') + c_{3h}(q_{3h} - q_{3h}') + C_{hp} - C_{hp}'$ 时,煤炭企业信息共享决策为无信息共享,也就是当信息共享的成本很高时，没有哪个煤炭企业会选择信息共享，系统最终演化为无信息共享状态。

（2）当信息共享的成本 $cn < c_1(q - q') + c_2(q_2 - q'_2) + c_{3r}(q_{3r} - q'_{3r}) + c_{3h}(q_{3h} - q'_{3h}) + rC_{hp} - C'_{hp}$ 时，$P^* = 1$ 是唯一的 ESS。煤炭企业的复制动态相位图 Ⅱ 如图 3-6 所示。

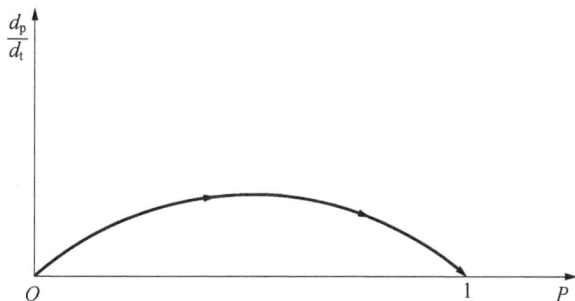

图 3－6　煤炭企业的复制动态相位图 Ⅱ

当信息共享的成本 $cn < c_1(q - q') + c_2(q_2 - q'_2) + c_{3r}(q_{3r} - q'_{3r}) + c_{3h}(q_{3h} - q'_{3h}) + rC_{hp} - C'_{hp}$ 时，煤炭企业信息共享决策最终演化为信息共享，即当信息共享的成本降低到一定程度，越来越多的煤炭企业会选择信息共享，最终所有的企业都选择信息共享，达到稳定均衡。

（3）当信息共享的成本 $\underline{C_i} < cn < \overline{C_i}$ 时，$P^* = 0$，$P^* = 1$ 是 ESS。其中，

$$\underline{C_i} = c_1(q - q') + c_2(q_2 - q'_2) + c_{3r}(q_{3r} - q'_{3r}) + c_{3h}(q_{3h} - q'_{3h}) + rC_{hp} - C'_{hp}$$

$$\overline{C_i} = c_1(q - q') + c_2(q_2 - q'_2) + c_{3r}(q_{3r} - q'_{3r}) + c_{3h}(q_{3h} - q'_{3h}) + C_{hp} - C'_{hp}$$

煤炭企业的复制动态相位图 Ⅲ 如图 3-7 所示。

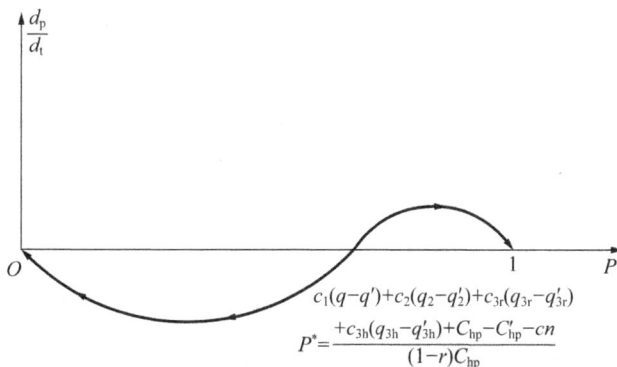

$$P^* = \frac{c_1(q-q') + c_2(q_2-q'_2) + c_{3r}(q_{3r}-q'_{3r}) + c_{3h}(q_{3h}-q'_{3h}) + C_{hp} - C'_{hp} - cn}{(1-r)C_{hp}}$$

图 3－7　煤炭企业的复制动态相位图 Ⅲ

信息共享的成本在 $\underline{C}_i < cn < \bar{C}_i$ 时，系统有两个稳定均衡策略，当初始状态时系统内选择信息共享的比例低于 $P^* = $

$$\frac{c_1(q - q') + c_2(q_2 - q'_2) + c_{3r}(q_{3r} - q'_{3r}) + c_{3h}(q_{3h} - q'_{3h}) + C_{hp} - C'_{hp} - cn}{(1 - r)C_{hp}}$$ 时，

系统朝着无信息共享演化，即所有的煤炭企业都会选择无信息共享；当初始状态时系统内选择信息共享的比例高于 $P^* = $

$$\frac{c_1(q - q') + c_2(q_2 - q'_2) + c_{3r}(q_{3r} - q'_{3r}) + c_{3h}(q_{3h} - q'_{3h}) + C_{hp} - C'_{hp} - cn}{(1 - r)C_{hp}}$$ 时，

系统朝着信息共享演化，即所有的煤炭企业都会选择信息共享。

通过上述研究发现，影响信息共享演化的因素有信息共享的成本、原煤开采成本、煤炭洗选成本、铁路运输成本、公路运输成本、库存成本，下面分别讨论原煤产量、商品煤平均库存水平和信息共享成本的变化对信息共享演化的影响。

假定原煤洗出率为 α，铁路运输的比例为 β，公路运输的比例为 $1 - \beta$，信息共享后的原煤产量为 $q' = (1 + \delta)q$，商品煤平均库存水平为 $I'_t = (1 + \eta)I_t$。

结论1：信息共享后若原煤产量增加，商品煤平均库存水平下降，信息共享产生的库存成本的节约低于煤炭生产变动成本的变动与信息共享成本之和，则无信息共享是演化稳定策略，即系统中无信息共享。

证明：

若 $P^* = 0$，

$$F'(P) = -\delta q \left[c_1 + c_2\alpha + c_{3r}\beta + c_{3h}(1 - \beta) \right] - C_p\eta I_t - C_t\eta I_t - cn$$

当 $\delta > 0$，$\eta < 0$ 时，$-C_p\eta I_t - C_t\eta I_t < \delta q \left[c_1 + c_2\alpha + c_{3r}\beta + c_{3h}(1 - \beta) \right] + cn$

此时 $F'(P) < 0$。

证毕。

结论2：信息共享后若原煤产量减少，商品煤平均库存水平下降，信息共享产生的库存成本的节约低于信息共享成本与煤炭生产变动成本的变动之差时，同时信息共享成本超过煤炭生产变动成本的变动，则无信息共享是演化稳定策略，即此时没有一家煤炭企业会选择信息共享。

证明：

若 $P^* = 0$，

$$F'(P) = -\delta q\left[c_1 + c_2\alpha + c_{3r}\beta + c_{3h}(1-\beta)\right] - C_p\eta I_t - C_t\eta I_t - cn$$

当 $\delta < 0$，$\eta < 0$ 时，$-C_p\eta I_t - C_t\eta I_t < \delta q\left[c_1 + c_2\alpha + c_{3r}\beta + c_{3h}(1-\beta)\right] + cn$ 且 $\delta q\left[c_1 + c_2\alpha + c_{3r}\beta + c_{3h}(1-\beta)\right] + cn > 0$ 时，

$F'(P) < 0$。

证毕。

结论 3：信息共享后若原煤产量增加，商品煤平均库存水平下降，信息共享产生的库存成本的节约高于煤炭生产变动成本的变动与信息共享成本之和，则信息共享是演化稳定策略，即系统演化方向是实现全部的信息共享。

证明：

若 $P^* = 1$，

$$F'(P) = \delta q\left[c_1 + c_2\alpha + c_{3r}\beta + c_{3h}(1-\beta)\right] + C_p(1+\eta-\gamma)I_t + C_t(1+\eta-\gamma)I_t + cn$$

当 $\delta > 0$，$\eta < 0$ 时，$-C_p(1+\eta-\gamma)I_t - C_t(1+\eta-\gamma)I_t > 0$

$-C_p(1+\eta-\gamma)I_t - C_t(1+\eta-\gamma)I_t > \delta q\left[c_1 + c_2\alpha + c_{3r}\beta + c_{3h}(1-\beta)\right] + cn$ 时，$F'(P) < 0$。

证毕。

结论 4：信息共享后若原煤产量减少，商品煤平均库存水平下降，信息共享产生的库存成本的节约高于信息共享成本与煤炭生产变动成本的变动之差，则信息共享是演化稳定策略，即系统演化方向是实现全部的信息共享。

证明：

若 $P^* = 1$，

$$F'(P) = \delta q\left[c_1 + c_2\alpha + c_{3r}\beta + c_{3h}(1-\beta)\right] + C_p(1+\eta-\gamma)I_t + C_t(1+\eta-\gamma)I_t + cn$$

当 $\delta < 0$，$\eta < 0$ 时，$-C_p(1+\eta-\gamma)I_t - C_t(1+\eta-\gamma)I_t > 0$

$$- C_p(1 + \eta - \gamma)I_t - C_t(1 + \eta - \gamma)I_t > cn + \delta q\left[c_1 + c_2\alpha + c_{3n}\beta + c_{3h}(1 - \beta)\right]$$

时, $F'(P) < 0$。

证毕。

结论 5：信息共享后，若原煤产量增加，商品煤平均库存水平下降，信息共享成本加上煤炭生产变动成本的变动与库存成本变动之差与无信息共享时库存成本乘以 $(r - 1)$ 之比越大，系统朝着信息共享演化，反之，系统朝着无信息共享演化。

证明：

若 $P^* = \dfrac{-\delta q\left[c_1 + c_2\alpha + c_{3n}\beta + c_{3h}(1 - \beta)\right] - C_p\eta I_t - C_t\eta I_t - cn}{(1 - r)(C_p I_t + C_t I_t)}$，

当 $\delta > 0$，$\eta < 0$ 时，由于 $P^* \geqslant 0$，则

$$- C_p\eta I_t - C_t\eta I_t > cn + \delta q\left[c_1 + c_2\alpha + c_{3n}\beta + c_{3h}(1 - \beta)\right]$$

$$F'(P) = \left\{- \delta q\left[c_1 + c_2\alpha + c_{3n}\beta + c_{3h}(1 - \beta)\right] - C_p\eta I_t - C_t\eta I_t - cn\right\}$$

$$\left\{1 - \frac{\delta q\left[c_1 + c_2\alpha + c_{3n}\beta + c_{3h}(1 - \beta)\right] - C_p\eta I_t - C_t\eta I_t - cn}{(1 - \gamma)(C_p I_t + C_t I_t)}\right\} - C_p\eta I_t - C_t\eta I_t <$$

$(\gamma - 1)(C_p I_t + C_t I_t) + cn - \delta q\left[c_1 + c_2\alpha + c_{3n}\beta + c_{3h}(1 - \beta)\right]$ 时，$F'(P) < 0$。

证毕。

结论 6：信息共享后，若原煤产量减少，商品煤平均库存水平下降，信息共享成本与煤炭生产变动成本的变动和库存成本变动之差与无信息共享时库存成本乘以 $(r - 1)$ 之比越大，系统朝着信息共享演化，反之，系统朝着无信息共享演化。

证明：

若 $P^* = \dfrac{-\delta q\left[c_1 + c_2\alpha + c_{3n}\beta + c_{3h}(1 - \beta)\right] - C_p\eta I_t - C_t\eta I_t - cn}{(1 - r)(C_p I_t + C_t I_t)}$，

当 $\delta < 0$，$\eta < 0$ 时，由于 $P^* \geqslant 0$，则

$$- C_p\eta I_t - C_t\eta I_t > cn + \delta q\left[c_1 + c_2\alpha + c_{3n}\beta + c_{3h}(1 - \beta)\right]$$

$$F'(P) = \left\{- \delta q\left[c_1 + c_2\alpha + c_{3n}\beta + c_{3h}(1 - \beta)\right] - C_p\eta I_t - C_t\eta I_t - cn\right\}$$

$$\left\{ 1 - \frac{\delta q \left[c_1 + c_2\alpha + c_{3n}\beta + c_{3h}(1-\beta) \right] - C_p\eta I_t - C_t\eta I_t - cn}{(1-\gamma)(C_p I_t + C_t I_t)} \right\} - C_p\eta I_t - C_t\eta I_t <$$

$(\gamma - 1)(C_p I_t + C_t I_t) + cn - \delta q \left[c_1 + c_2\alpha + c_{3n}\beta + c_{3h}(1-\beta) \right]$ 时，$F'(P) < 0$。

证毕。

通过上述研究，煤炭供应链上煤炭企业群体信息共享的演化受到信息共享的成本、信息共享所引起的煤炭生产变动成本的变动、运输成本、库存成本的变动、竞争对手的信息共享策略对本企业的影响等因素变化的影响。

3.5 本 章 小 结

本章首先介绍了煤炭供应链的特征、煤炭供应链的长链结构和短链结构以及本文采用的煤炭供应链结构，然后分析了煤炭企业信息共享的演化问题，建立了存在竞争关系的煤炭企业信息共享演化博弈模型，通过演化博弈分析信息共享的成本与其他各项成本、竞争对手的信息共享策略对本企业的影响等因素之间的关系对演化稳定策略的影响。具体的研究结论如下。

（1）信息共享的成本越大，煤炭企业选择信息共享策略的比例越低，当信息共享的成本超过一定值时，煤炭企业信息共享决策为信息不共享，也就是当信息共享的成本很高时，没有煤炭企业会选择信息共享，行业最终演化为无信息共享状态。

（2）当信息共享的成本降低到一定值时，整个行业的信息共享决策最终演化为信息共享，即当信息共享的成本降低到一定程度，越来越多的煤炭企业会选择信息共享，最终所有的企业都选择信息共享，达到稳定均衡。

（3）信息共享的成本在 $\underline{C_i} < cn < \bar{C_i}$ 时，系统有两个稳定均衡策略，当初始行业内选择信息共享的比例低于一定比例时，系统朝着无信息共享演化，最终煤炭行业内企业的信息共享决策演化为无信息共享。当初始信息共享的比例高于一定比例时，系统朝着信息共享演化，最终所有的煤炭企业都会选择信息共享。

接下来具体分析了信息共享后库存成本的变化与煤炭生产变动成本等因素

之间的变动关系对煤炭企业信息共享演化的具体影响。研究结论如下。

（1）信息共享后若原煤产量增加，商品煤平均库存水平下降，信息共享产生的库存成本的节约低于煤炭生产变动成本的变动与信息共享成本之和时，则无信息共享是演化稳定策略，即系统中无信息共享。

（2）信息共享后若原煤产量减少，商品煤平均库存水平下降，信息共享产生的库存成本的节约低于信息共享成本与煤炭生产变动成本的变动之差时，同时信息共享成本超过煤炭生产变动成本的变动，则无信息共享是演化稳定策略，即此时没有一家煤炭企业会选择信息共享。

（3）信息共享后若原煤产量增加，商品煤平均库存水平下降，信息共享产生的库存成本的节约高于煤炭生产变动成本的变动与信息共享成本之和，则信息共享是演化稳定策略，即系统演化方向是实现全部的信息共享。

（4）信息共享后若原煤产量减少，商品煤平均库存水平下降，信息共享产生的库存成本的节约高于信息共享成本与煤炭生产变动成本的变动之差，则信息共享是演化稳定策略，即系统演化方向是实现全部的信息共享。

4　二级煤炭供应链需求信息共享

　　我国煤炭消费中电煤的需求占到了煤炭需求比例的 60% 以上，其需求趋势可以反映煤炭需求的趋势，电力消费受季节性因素的影响较大，从图 1-1 中看出冬季和夏季是电煤需求的旺季，而秋季和春季是电煤需求的淡季。我国煤炭需求受季节性影响显著，夏季煤炭需求受到水利发电的影响会略有下降，冬季需求要比夏季需求略高。煤炭需求的季节性波动使得煤炭供应链的不确定性增大，引发了煤炭供需的不平衡，本章研究煤炭需求的季节性因素对煤炭供应链信息共享价值的影响。

　　本章所研究的煤炭供应链中，煤炭需求企业主要有电力企业、煤化工企业、钢铁企业、建材企业和供热企业等，由于下游企业的生产计划性较强，通常是先制订年度计划，然后逐月进行调整，因此各月的实际需求量在年度计划的基础上加入了库存的变化以及经济因素对需求的影响，同时需要考虑人为制订计划时由于国家能源政策波动、批量、运价、风险防范等因素产生的决策偏差。

4.1　二级煤炭供应链信息共享价值

　　本章研究由一个煤炭企业和一个煤炭需求企业组成的二级煤炭供应链信息共享，关于信息共享的研究一般都是考虑完全信息共享或者无信息共享时对供应链的影响，而现实中更为普遍存在的情况是部分信息共享，对于部分信息共享时煤炭供应链的价值变动需要进行深入的研究。本书中的部分信息共享是指共享信息的内容，而不是指共享企业的范围。

煤炭需求受到季节性因素的影响，煤炭的需求呈现出季节性特征，当煤炭需求出现较大波动时，煤炭供应链向上传递的波动幅度增加，供给和需求的不平稳愈加显著，因此研究季节性因素对煤炭供应链信息共享的影响对于煤炭供应链平稳供应具有重要的意义。

实践中煤炭需求企业的订货决策并不一定按照最优订货量进行，实际的订货量和最优订货量之间产生的偏差，本书称为决策偏差，就是煤炭需求企业订货决策时考虑到国家能源政策波动、批量订货、运价、风险防范等，产生的实际决策量与理论最优订货量之间的偏差。有学者对比了实证研究和理论研究中供应链信息共享价值的影响，发现决策偏差是产生供应链信息共享实践价值和理论价值差距的原因[43]，煤炭供应链中由于煤炭供给的不确定性较强，实践中的决策偏差较大。本章将决策偏差引入模型，分析决策偏差信息对二级煤炭供应链信息共享价值的影响。本书与 H. L. Lee、Cui、Cho 和 Lee 等研究的区别之处在于，考虑了煤炭供应链的特殊性，将季节因素和决策偏差同时引入模型中，同时在 H. L. Lee 模型的基础上，引入部分信息共享，并着重分析部分信息共享下，考虑季节性因素和决策偏差时的煤炭供应链信息共享的价值。[7,32,43]

本章结构如下：首先建立煤炭供应链信息共享的模型，接下来介绍煤炭订购决策的过程，然后着重分析部分信息共享与无信息共享和完全信息共享下的煤炭供应链信息共享价值，通过数值分析验证了上述的结论，最后总结了本章的内容。

4.1.1 模型假定

本章研究模型所使用的所有变量、参数的定义如表 4-1 所示。

表 4-1 各变量参数符号及定义

变量	含义
D_t	第 t 期的煤炭需求量
Y_t	第 t 期煤炭需求企业的订购量

变量	含义
S_t	煤炭需求企业在第 t 期的订货水平
s_t^m	煤炭企业在第 t 期的库存水平
ξ_t	第 t 期煤炭需求企业制定订货决策时的决策偏差
φ_0	煤炭平均需求
φ_1	第 t 期的煤炭需求与前一期的煤炭需求的相关程度
γ	第 t 期的煤炭需求与季节周期前煤炭需求的相关程度
ε_t	第 t 期误差项
l	煤炭需求企业订货提前期
L	煤炭企业生产提前期
s	季节循环周期
ε_{t-s}	第 $t-s$ 期误差项
p_m, p_p	煤炭企业、煤炭需求企业的单位缺货成本
h_m, h_p	煤炭企业、煤炭需求企业的单位持有成本

煤炭需求受到季节性因素的影响，考虑季节性因素的煤炭需求量模型如下：

$$D_t = \varphi_0 + \varphi_1 D_{t-1} + \varepsilon_t - \gamma \varepsilon_{t-s} \tag{4-1}$$

公式（4-1）中，ε_t 通常为独立同分布且为正态分布，即 $\varepsilon_t \sim N(0, \sigma^2)$，假定 σ 远小于 φ_0，因此负需求本书几乎可以忽略不计。

第 t 期煤炭需求企业的订单量既需要满足第 t 期的煤炭需求，同时还要考虑第 $t-1$ 期与第 t 期的煤炭订货水平之差。ξ_t 为实际订货时煤炭需求企业制定订货决策时的决策偏差。

$$Y_t = D_t + S_t - S_{t-1} + \xi_t \tag{4-2}$$

4.1.2 煤炭订购决策过程

煤炭需求企业根据自身观察到的煤炭需求量为 D_t，首先用自身的库存满足该需求，到第 t 期末煤炭需求企业检查库存水平，向煤炭企业订购 Y_t 数量的煤炭。煤炭企业在收到煤炭需求企业的订单后发货给煤炭需求企业，煤炭需求企业根据自己的库存满足用煤需求，为了降低成本，煤炭需求企业的最优订货水平为 S_t^*，以确保在 $t+l+1$ 期间总的库存成本和缺货成本最低。用 p 和 m 分别代表煤炭需求企业和煤炭企业，由公式（4-1）可得 $l+1$ 期间总的煤炭需求量：

$$
\begin{aligned}
\sum_{i=1}^{l+1} D_{t+i} = {} & \frac{\left[\varphi_0 \sum\limits_{i=1}^{l+1}(1-\varphi_1^i) + \varphi_1(1-\varphi_1^{l+1})D_t\right]}{(1-\varphi_1)} \\
& + \varepsilon_{l+1} + (1+\varphi_1)\varepsilon_l + \cdots + (1+\varphi_1+\varphi_1^2+\cdots+\varphi_1^l)\varepsilon_{t+1} \\
& - \gamma\varepsilon_{l+1-s} - \gamma(1+\varphi_1)\varepsilon_{l-s} - \cdots - \gamma(1+\varphi_1+\varphi_1^2+\cdots+\varphi_1^l)\varepsilon_{t+1-s}
\end{aligned}
$$

$$(4-3)$$

令

$$
m_t^p = E\left[\sum_{i=1}^{l+1} D_{t+i} \mid D_t\right]
$$

$$
v_t^p = \mathrm{Var}\left[\sum_{i=1}^{l+1} D_{t+i} \mid D_t\right]
$$

m_t^p，v_t^p 分别为 $\sum\limits_{i=1}^{l+1} D_{t+i}$ 的条件期望和条件方差，则可得：

$$
m_t^p = \frac{\varphi_0\left[(l+1) - \sum\limits_{j=1}^{l+1}\varphi_1^j\right]}{(1-\varphi_1)} + \frac{\varphi_1 D_t(1-\varphi_1^{l+1})}{1-\varphi_1} \tag{4-4}
$$

$$
v_t^p = \frac{\sigma^2}{(1-\varphi_1^2)} \sum_{j=0}^{l}(1-\varphi_1^{j+1})^2 \tag{4-5}
$$

煤炭需求企业在第 t 期的最优订货水平 S_t^{p*} 为

$$
S_t^{p*} = m_t^p + k_p\sqrt{v_t^p} \tag{4-6}
$$

其中，$k_p = \Phi^{-1}\left(\dfrac{p_p}{p_p+h_p}\right)$ 为标准正态分布函数 Φ 的反函数。

煤炭企业首先通过当前库存满足煤炭需求企业的需求，如果库存不足，则煤炭企业需要继续生产以满足需求，提前期为 L。由公式（4-2）和公式（4-6）可得第 t 期煤炭需求企业的订货量由第 t 期的煤炭需求、第 $t-1$ 期的煤

炭需求和决策偏差表示为

$$Y_t = \frac{1 - \varphi_1^{l+2}}{1 - \varphi_1} D_t - \frac{\varphi_1 (1 - \varphi_1^{l+1})}{1 - \varphi_1} D_{t-1} + \xi_t \qquad (4-7)$$

由公式（4-2）和公式（4-7）可得：

$$Y_t = \frac{1 - \varphi_1^{l+2}}{1 - \varphi_1} (\varphi_0 + \varphi_1 D_{t-1} + \varepsilon_t - \gamma \varepsilon_{t-s}) - \frac{\varphi_1 (1 - \varphi_1^{l+1})}{1 - \varphi_1} D_{t-1} + \xi_t ,$$ 简化得

$$Y_t = \frac{1 - \varphi_1^{l+2}}{1 - \varphi_1} (\varphi_0 + \varepsilon_t - \gamma \varepsilon_{t-s}) + \varphi_1^{l+2} D_{t-1} + \xi_t$$

则

$$D_{t-1} = \frac{Y_t - \dfrac{1 - \varphi_1^{l+2}}{1 - \varphi_1} (\varphi_0 + \varepsilon_t - \gamma \varepsilon_{t-s}) - \xi_t}{\varphi_1^{l+2}} \qquad (4-8)$$

由

$$Y_{t+1} = \frac{1 - \varphi_1^{l+2}}{1 - \varphi_1} D_{t+1} - \frac{\varphi_1 (1 - \varphi_1^{l+1})}{1 - \varphi_1} D_t + \xi_{t+1}$$

和公式（4-2）得第 $t+1$ 期煤炭需求企业的订货量 Y_{t+1} 为

$$Y_{t+1} = \frac{1 - \varphi_1^{l+2}}{1 - \varphi_1} (\varphi_0 + \varepsilon_{t+1} - \gamma \varepsilon_{t+1-s}) + \varphi_1^{l+2} D_t + \xi_{t+1} \qquad (4-9)$$

由公式（4-8）和公式（4-9）可得：

$$Y_{t+1} = \frac{1 - \varphi_1^{l+2}}{1 - \varphi_1} (\varphi_0 + \varepsilon_{t+1} - \gamma \varepsilon_{t+1-s}) +$$

$$\varphi_1^{l+2} \left(\varphi_0 + \varphi_1 \left(\frac{Y_t - \dfrac{1 - \varphi_1^{l+2}}{1 - \varphi_1} (\varphi_0 + \varepsilon_t - \gamma \varepsilon_{t-s}) - \xi_t}{\varphi_1^{l+2}} \right) + \varepsilon_t - \gamma \varepsilon_{t-s} \right) + \xi_{t+1}$$

整理后可得：

$$Y_{t+1} = \varphi_0 + \varphi_1 Y_t + \frac{1 - \varphi_1^{l+2}}{1 - \varphi_1} (\varepsilon_{t+1} - \gamma \varepsilon_{t+1-s}) - \frac{\varphi_1 (1 - \varphi_1^{l+1})}{1 - \varphi_1} (\varepsilon_t - \gamma \varepsilon_{t-s}) -$$

$$\varphi_1 \xi_t + \xi_{t+1}$$

$$Y_{t+2} = \varphi_0 + \varphi_0 \varphi_1 + \varphi_1^2 Y_t + \frac{1 - \varphi_1^{l+2}}{1 - \varphi_1} (\varepsilon_{t+2} - \gamma \varepsilon_{t+2-s}) +$$

$$\varphi_1^{l+2}(\varepsilon_{t+1} - \gamma\varepsilon_{t+1-s}) - \frac{\varphi_1^2(1-\varphi_1^{l+1})}{1-\varphi_1}(\varepsilon_t - \gamma\varepsilon_{t-s}) - \varphi_1^2\xi_t + \xi_{t+2}$$

$$Y_{t+3} = \varphi_0 + \varphi_0\varphi_1 + \varphi_0\varphi_1^2 + \varphi_1^3 Y_t + \frac{1-\varphi_1^{l+2}}{1-\varphi_1}(\varepsilon_{t+3} - \gamma\varepsilon_{t+3-s}) +$$

$$\varphi_1^{l+2}(\varepsilon_{t+2} - \gamma\varepsilon_{t+2-s}) + \varphi_1^{l+3}(\varepsilon_{t+1} - \gamma\varepsilon_{t+1-s}) -$$

$$\frac{\varphi_1^3(1-\varphi_1^{l+1})}{1-\varphi_1}(\varepsilon_t - \gamma\varepsilon_{t-s}) - \varphi_1^3\xi_t + \xi_{t+3} \qquad (4-10)$$

递推可得第 $t+i$ 期煤炭需求企业的订货量 Y_{t+i} 为

$$Y_{t+i} = \varphi_0\frac{1-\varphi_1^i}{1-\varphi_1} + \varphi_1^i Y_t + \frac{1-\varphi_1^{l+2}}{1-\varphi_1}(\varepsilon_{t+i} - \gamma\varepsilon_{t+i-s}) +$$

$$\sum_{k=1}^{i-1}\varphi_1^{l+k+1}(\varepsilon_{t+i-k} - \gamma\varepsilon_{t+i-k-s}) - \frac{\varphi_1^i(1-\varphi_1^{l+1})}{1-\varphi_1}(\varepsilon_t - \gamma\varepsilon_{t-s}) - \varphi_1^i\xi_t + \xi_{t+i}$$

则在提前期 $L+1$ 期间总的煤炭订购量为

$$\sum_{i=1}^{L+1} Y_{t+i} = \left(L+1 - \frac{(1-\varphi_1^{L+1})\varphi_1}{1-\varphi_1}\right)\frac{\varphi_0}{1-\varphi_1} + \frac{(1-\varphi_1^{L+1})}{1-\varphi_1}\varphi_1 Y_t +$$

$$\sum_{i=1}^{L+1}\frac{1-\varphi_1^{l+2}}{1-\varphi_1}(\varepsilon_{t+i} - \gamma\varepsilon_{t+i-s}) + \sum_{j=1}^{L+1}\sum_{k=1}^{i-1}\varphi_1^{l+1+k}(\varepsilon_{t+i-k} - \gamma\varepsilon_{t+i-k-s}) -$$

$$\frac{\varphi_1(1-\varphi_1^{l+1})(1-\varphi_1^{L+1})}{(1-\varphi_1)^2}(\varepsilon_t - \gamma\varepsilon_{t-s}) - \frac{\varphi_1(1-\varphi_1^{L+1})}{1-\varphi_1}\xi_t + \sum_{i=1}^{L+1}\xi_{t+i}$$

$$(4-11)$$

接下来分别从无需求信息共享、部分信息共享和完全信息共享三种情形分析煤炭企业的平均库存水平。

4.1.3 煤炭企业与煤炭需求企业之间无信息共享情形

煤炭企业和煤炭需求企业之间无需求信息共享，此时煤炭企业只能获得煤炭需求企业的订单信息，煤炭企业只能根据历史的订单数据和当前的订单信息来决定最优的库存水平，$\varepsilon_{t+i}(i=1,2,\cdots,L+1)$、$\varepsilon_{t+i-s}(i=1,2,\cdots,L+1)$、$\xi_t(t=1,2,\cdots,L+1)$ 对于煤炭企业来说都是未知信息，如图 4-1 所示。

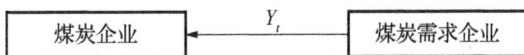

图4-1 煤炭企业与煤炭需求企业之间无需求信息共享情形图

令

$$m_t^{m1} = E\left[\sum_{i=1}^{L+1} Y_{t+i} \mid Y_t\right]$$

$$v_t^{m1} = \mathrm{Var}\left[\sum_{i=1}^{L+1} Y_{t+i} \mid Y_t\right]$$

则

$$m_t^{m1} = \left(L + 1 - \frac{(1 - \varphi_1^{L+1})\varphi_1}{1 - \varphi_1}\right)\frac{\varphi_0}{1 - \varphi_1} + \frac{(1 - \varphi_1^{L+1})}{1 - \varphi_1}\varphi_1 Y_t \qquad (4-12)$$

1. 当 $L \geqslant S$ 时

$$v_t^{m1} = \left(1 + \gamma^2\right)\left[\frac{(L+1)(1 - \varphi_1^{l+2})^2}{(1 - \varphi_1)^2} + (L + 1)\right.$$

$$\left.\sum_{k=1}^{i-1} \varphi_1^{2l+2+2k} + \frac{\varphi_1^2(1 - \varphi_1^{l+1})^2(1 - \varphi_1^{L+1})^2}{(1 - \varphi_1)^4}\right]\sigma^2 \qquad (4-13a)$$

2. 当 $L < S$ 时

$$v_t^{m1} = \left[\frac{(L+1)(1 - \varphi_1^{l+2})^2}{(1 - \varphi_1)^2} + (L + 1)\right.$$

$$\left.\sum_{k=1}^{i-1} \varphi_1^{2l+2+2k} + \frac{\varphi_1^2(1 - \varphi_1^{l+1})^2(1 - \varphi_1^{L+1})^2}{(1 - \varphi_1)^4}\right]\sigma^2 \qquad (4-13b)$$

则煤炭企业的库存水平为

$$s_t^{m1} = m_t^{m1} + k_m \sqrt{v_t^{m1}} \qquad (4-14)$$

其中，$k_m = \Phi^{-1}\left(\dfrac{p_m}{p_m + h_m}\right)$。

本书中煤炭企业的平均库存水平采用 Silver 和 Peterson 提出的平均库存水平来确定[145]，

$$I_t = \left\{s_t - E\left(\sum_{i=1}^{L+1} Y_{t+i}\right) + E\frac{(Y_t)}{2}\right\} = \left\{s_t - m_t + \frac{E(Y_t)}{2}\right\} \qquad (4-15)$$

$$I_t^{\mathrm{m1}} = s_t^{\mathrm{m1}} - m_t^{\mathrm{m1}} + E\frac{(Y_t)}{2} = k_{\mathrm{m}}\sqrt{v_t^{\mathrm{m1}}} + \frac{\varphi_0}{2(1-\varphi_1)} \qquad (4-16)$$

通过平均库存水平确定煤炭企业的库存成本，本书采用 Lee 和 Whang 使用的成本函数[22]：

$$C_{\mathrm{m}} = \sqrt{v_t^{\mathrm{m}}}\left[(h_{\mathrm{m}}+p_{\mathrm{m}})L(K)+h_{\mathrm{m}}K\right] \qquad (4-17)$$

煤炭企业在 $t+L+1$ 期间，无信息共享情形下的库存持有成本和缺货成本为

$$C_{\mathrm{m}}^1 = \sqrt{v_t^{\mathrm{m1}}}\left[(h_{\mathrm{m}}+p_{\mathrm{m}})L(K)+h_{\mathrm{m}}K\right] \qquad (4-18)$$

式中：p_{m} 和 h_{m}——煤炭企业的单位缺货成本和单位持有成本；

$L(x)$——标准正态分布的右侧损失函数，$L(x) = \int_K^\infty (z-x)\mathrm{d}\,\Phi(z)$。

由公式（4-18）可以看出煤炭企业的库存持有成本和缺货成本与平均库存水平存在线性关系，因此下文中关于煤炭企业成本的分析可以从平均库存水平的分析得出。

4.1.4 煤炭企业与煤炭需求企业之间部分信息共享情形

第二种信息共享情形为煤炭企业除了获得煤炭需求企业的订单信息外，还能获得部分其他信息，例如，煤炭企业与煤炭需求企业还共享自己的需求预测误差信息，煤炭企业在确定自身的库存水平时，除了可以依据煤炭需求企业的订单 Y_t 外，还可以依据煤炭需求企业的需求量 D_t，对于煤炭企业来说 ε_t，$\varepsilon_{t+i-s}(i=1,2,\cdots,L,L<s)$ 是已知的，而 $\varepsilon_{t+i},\varepsilon_{t+i-s}(i=1,2,\cdots,L,L>s)$，$\xi_t(t=1,2,\cdots,L+1)$ 还未知，如图 4-2 所示。

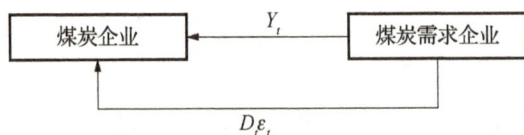

图 4-2 煤炭企业与煤炭需求企业之间部分信息共享情形图

由上可得：

1. 当 $L \geqslant S$ 时

$$m_t^{\text{m2}} = \left[L + 1 - \frac{(1 - \varphi_1^{L+1})\varphi_1}{1 - \varphi_1} \right] \frac{\varphi_0}{1 - \varphi_1} + \frac{(1 - \varphi_1^{L+1})}{1 - \varphi_1} \varphi_1 Y_t -$$

$$\frac{\varphi_1(1 - \varphi_1^{l+1})(1 - \varphi_1^{L+1})}{(1 - \varphi_1)^2} \varepsilon_t \qquad (4-19a)$$

$$v_t^{\text{m2}} = (1 + \gamma^2) \left[\frac{(L+1)(1 - \varphi_1^{l+2})^2}{(1 - \varphi_1)^2} + (L+1) \sum_{k=1}^{i-1} \varphi_1^{2l+2+2k} \right] \sigma^2 +$$

$$\left[\left(\frac{\varphi_1(1 - \varphi_1^{L+1})}{1 - \varphi_1} \right)^2 + L + 1 \right] D(\xi) \qquad (4-20a)$$

2. 当 $L < S$ 时

$$m_t^{\text{m2}} = \left[L + 1 - \frac{(1 - \varphi_1^{L+1})\varphi_1}{1 - \varphi_1} \right] \frac{\varphi_0}{1 - \varphi_1} + \frac{(1 - \varphi_1^{L+1})}{1 - \varphi_1} \varphi_1 Y_t +$$

$$\sum_{i=1}^{L+1} \frac{1 - \varphi_1^{l+2}}{1 - \varphi_1} \gamma \varepsilon_{t+i-s} - \sum_{j=1}^{L+1} \sum_{k=1}^{i-1} \varphi_1^{l+1+k} \gamma \varepsilon_{t+i-k-s} -$$

$$\frac{\varphi_1(1 - \varphi_1^{l+1})(1 - \varphi_1^{L+1})}{(1 - \varphi_1)^2} (\varepsilon_t - \gamma \varepsilon_{t-s}) \qquad (4-19b)$$

$$v_t^{\text{m2}} = \left[\frac{(L+1)(1 - \varphi_1^{l+2})^2}{(1 - \varphi_1)^2} + (L+1) \sum_{k=1}^{i-1} \varphi_1^{2l+2+2k} \right] \sigma^2 +$$

$$\left[\left(\frac{\varphi_1(1 - \varphi_1^{L+1})}{1 - \varphi_1} \right)^2 + L + 1 \right] D(\xi) \qquad (4-20b)$$

则煤炭企业的库存水平为

$$s_t^{\text{m2}} = m_t^{\text{m2}} + k_{\text{m}} \sqrt{v_t^{\text{m2}}} \qquad (4-21)$$

其中，$k_{\text{m}} = \Phi^{-1} \left(\dfrac{p_{\text{m}}}{p_{\text{m}} + h_{\text{m}}} \right)$。

煤炭企业的平均库存水平采用 Silver 和 Peterson 提出的平均库存水平来确定[145]，则煤炭企业在部分信息共享时的平均库存水平为

$$I_t^{\text{m2}} = s_t^{\text{m2}} - m_t^{\text{m2}} + \frac{E(Y_t)}{2} = k_{\text{m}} \sqrt{v_t^{\text{m2}}} + \frac{\varphi_0}{2(1 - \varphi_1)} \qquad (4-22)$$

本书采用 Lee 和 Whang 使用的成本函数[22]，则煤炭企业在 $t + L + 1$ 期间

的库存持有成本和缺货成本为

$$C_m^2 = \sqrt{v_t^{m2}}\left[(h_m + p_m)L(K) + h_m K\right] \tag{4-23}$$

4.1.5　煤炭企业与煤炭需求企业之间完全信息共享情形

煤炭企业和煤炭需求企业除了共享订单信息、预测信息外，还共享决策偏差信息，煤炭企业在确定自身的库存水平时除了可以依据当前订单数据和历史订单信息 Y_t 以外，还可以根据煤炭需求企业提供的预测信息 D_t、决策偏差信息 $\xi_t(t = 1,2,\cdots,L+1)$ 来确定。对于煤炭企业 $\varepsilon_t, \varepsilon_{t+i-s}(i = 1,2,\cdots,L,L < S)$ 都已知，而 $\varepsilon_{t+i}, \varepsilon_{t+i-s}(i = 1,2,\cdots,L,L > S)$ 仍然未知，如图 4-3 所示。

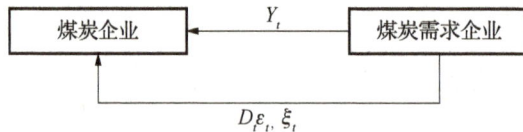

图 4-3　煤炭企业与煤炭需求企业之间完全信息共享情形图

1. 当 $L \geqslant S$ 时

$$m_t^{m3} = \left[L + 1 - \frac{(1 - \varphi_1^{L+1})\varphi_1}{1 - \varphi_1}\right]\frac{\varphi_0}{1 - \varphi_1} + \frac{(1 - \varphi_1^{L+1})}{1 - \varphi_1}\varphi_1 Y_t -$$

$$\frac{\varphi_1(1 - \varphi_1^{l+1})(1 - \varphi_1^{L+1})}{(1 - \varphi_1)^2}\varepsilon_t - (L + 1)\varphi_1^2\xi_t + \sum_{i=1}^{L+1}\xi_{t+i} \tag{4-24a}$$

$$v_t^{m3} = (1 + \gamma^2)\left[\frac{(L + 1)(1 - \varphi_1^{l+2})^2}{(1 - \varphi_1)^2} + (L + 1)\sum_{k=1}^{i-1}\varphi_1^{2l+2+2k}\right]\sigma^2 \tag{4-25a}$$

2. 当 $L < S$ 时

$$m_t^{m3} = \left[L + 1 - \frac{(1 - \varphi_1^{L+1})\varphi_1}{1 - \varphi_1}\right]\frac{\varphi_0}{1 - \varphi_1} + \frac{(1 - \varphi_1^{L+1})}{1 - \varphi_1}\varphi_1 Y_t +$$

$$\sum_{i=1}^{L+1}\frac{1 - \varphi_1^{l+2}}{1 - \varphi_1}\gamma\varepsilon_{t+i-s} - \sum_{j=1}^{L+1}\sum_{k=1}^{i-1}\varphi_1^{l+1+k}\gamma\varepsilon_{t+i-k-s} -$$

$$\frac{\varphi_1(1-\varphi_1^{l+1})(1-\varphi_1^{L+1})}{(1-\varphi_1)^2}(\varepsilon_t - \gamma\varepsilon_{t-s}) - (L+1)\varphi_1^2\xi_t + \sum_{i=1}^{L+1}\xi_{t+i}$$

$$(4-24b)$$

$$v_t^{m3} = \left[\frac{(L+1)(1-\varphi_1^{l+2})^2}{(1-\varphi_1)^2} + (L+1)\sum_{k=1}^{i-1}\varphi_1^{2l+2+2k}\right]\sigma^2 \quad (4-25b)$$

则煤炭企业的库存水平为

$$s_t^{m3} = m_t^{m3} + k_m\sqrt{v_t^{m3}} \quad\quad\quad (4-26)$$

其中，$k_m = \Phi^{-1}\left(\dfrac{p_m}{p_m + h_m}\right)$。

煤炭企业的平均库存水平采用 Silver 和 Peterson 提出的平均库存水平来确定[145]，则煤炭企业在完全信息共享情形下的平均库存水平为

$$I_t^{m3} = s_t^{m3} - m_t^{m3} + \frac{E(Y_t)}{2}$$

$$= k_m\sqrt{v_t^{m3}} + \frac{\varphi_0}{2(1-\varphi_1)} \quad\quad (4-27)$$

这里采用 Lee 和 Whang 使用的成本函数[22]，煤炭企业在 $t+L+1$ 期间完全信息共享情形下的库存持有成本和缺货成本为

$$C_m^3 = \sqrt{v_t^{m3}}\left[(h_m + p_m)L(K) + h_mK\right] \quad\quad (4-28)$$

4.2　二级煤炭供应链三种信息共享情形对比

通过对比煤炭供应链中无信息共享、部分信息共享和完全信息共享情形下的平均库存水平，分析信息共享情形对煤炭企业库存成本的影响，煤炭企业库存成本主要包括库存持有成本和缺货成本，煤炭企业通过开采煤矿获得煤炭，订货成本所占比重很小，因此本书中的煤炭企业库存成本主要考虑库存持有成本和缺货成本。由公式（4-16）、公式（4-22）和公式（4-27）可见，$I_t^{m1} > I_t^{m3}$，$I_t^{m2} > I_t^{m3}$，即在完全信息共享情形下，煤炭企业的平均库存水平最低。而在部分信息共享情形下，煤炭企业的平均库存水平与无信息共享情形下的平

均库存水平受到 φ_1、L、ξ 等多种因素的影响，因此部分信息共享时，现有的研究经常会出现研究结论差异较大的情况，部分信息共享能否使煤炭企业获得收益与 φ_1、L、ξ 相关，在特定条件下的煤炭供应链是可以使煤炭企业获得收益的。下面继续讨论当 φ_1、L、ξ 变化时，对三种信息共享情形的煤炭企业平均库存水平的影响。

令
$$I_t^{m12} = I_t^{m1} - I_t^{m2} \qquad (4-29)$$

$$I_t^{m13} = I_t^{m1} - I_t^{m3} \qquad (4-30)$$

$$I_t^{m23} = I_t^{m2} - I_t^{m3} \qquad (4-31)$$

1. 无信息共享与部分信息共享情形对比

煤炭企业与煤炭需求企业之间无信息共享与煤炭企业与煤炭需求企业之间部分信息共享情形对比，此时分别对 $L \geqslant S$ 和 $L < S$ 进行分析，讨论各因素的影响。

1）当 $L \geqslant S$ 时

推论1：当 $0 \leqslant \varphi_1 \leqslant 1$ 且 $-1 \leqslant \gamma \leqslant 1$ 时，I_t^{m12} 随着 L、l 增大而增大，随着 $D(\xi)$ 增大而减小，当 $D(\xi)$ 大到一定程度时，I_t^{m12} 逐渐减小为负值，因此当 $D(\xi) \leqslant \left[\dfrac{\varphi_1^2(1-\varphi_1^{l+1})^2(1-\varphi_1^{L+1})^2}{(1-\varphi_1)^4}\right](1+\gamma^2)\sigma^2/[(L+1)^2\varphi_1^4-1]$ 时，部分信息共享情形下煤炭企业是获益的。当 $D(\xi) > \left[\dfrac{\varphi_1^2(1-\varphi_1^{l+1})^2(1-\varphi_1^{L+1})^2}{(1-\varphi_1)^4}\right](1+\gamma^2)\sigma^2/[(L+1)^2\varphi_1^4-1]$ 时，无信息共享情形下煤炭企业的平均库存水平要低于部分信息共享情形下煤炭企业的平均库存水平，部分信息共享情形下煤炭企业不能获益。

推论2：当 $0 \leqslant \varphi_1 \leqslant 1$ 时，I_t^{m12} 随着 $|\gamma|$ 增大而减小。

推论3：当 $-1 \leqslant \gamma \leqslant 1$ 时，$|I_t^{m12}|$ 随着 $\varphi_1 \to 1$ 而增大。

由此可见，煤炭生产提前期影响煤炭供应链信息共享收益，煤炭生产提前期越长，部分信息共享与无信息共享对比煤炭企业收益越显著；煤炭生产提前期越短，部分信息共享与无信息共享对比煤炭企业收益越不显著。

当部分信息共享时，信息共享的收益受到决策偏差波动的影响，当决策偏差的波动特别大，超过一定的范围时，对于煤炭企业来说虽然获得了部分的需求信息，但是由于信息的精确度不高导致煤炭企业不能获益，但是当决策偏差的波动不是很大时，煤炭企业与煤炭需求企业部分共享信息时，煤炭企业是能够获益的。

煤炭供应链上，部分信息共享与无信息共享对比时，季节相关程度越高，部分信息共享与无信息共享对比煤炭企业收益越不显著，即当季节相关程度越高时，有无信息共享对煤炭供应链收益影响越不显著。

煤炭供应链上，部分信息共享与无信息共享对比时，煤炭需求与前一期煤炭需求的相关程度影响煤炭企业的收益，煤炭需求与前一期煤炭需求的相关程度越高，部分信息共享与无信息共享对比煤炭企业收益越显著。

2）当 $L < S$ 时

与 $L \geq S$ 相比，当 $L < S$ 时，煤炭企业的平均库存不受 γ 的影响，即当煤炭生产提前期小于季节周期时，季节性因素将不影响煤炭企业的平均库存水平。对于 $L < S$ 情形，煤炭企业与煤炭需求企业的信息共享不受季节性因素的影响，无信息共享和部分信息共享情形下，煤炭企业的库存水平与季节性因素没有关系，考虑煤炭供应链信息共享收益问题时，不需要考虑季节因素的影响。

2. 无信息共享与完全信息共享情形对比

煤炭企业与煤炭需求企业之间无信息共享情形与煤炭企业与煤炭需求企业之间完全信息共享情形对比，对 $L \geq S$ 和 $L < S$ 两种情况进行分析。

1）当 $L \geq S$ 时

推论1：当 $0 \leq \varphi_1 \leq 1$ 且 $-1 \leq \gamma \leq 1$ 时，I_t^{m13} 随着 L、l 增大而增大，随着 L、l 减小而减小。

推论2：当 $0 \leq \varphi_1 \leq 1$ 时，I_t^{m13} 随着 $|\gamma|$ 增大而减小。

推论3：当 $-1 \leq \gamma \leq 1$ 时，I_t^{m13} 随着 $\varphi_1 \rightarrow 1$ 而增大。

煤炭供应链上，无信息共享与完全信息共享情形对比时，煤炭生产提前期越长，完全信息共享与无信息共享对比，煤炭企业收益越显著，煤炭生产提前期越短，完全信息共享与无信息共享对比，煤炭企业收益越不显著。

煤炭供应链上，无信息共享与完全信息共享情形对比时，季节相关程度也会影响煤炭企业收益，季节相关程度越高，完全信息共享与无信息共享对比，煤炭企业收益越不显著。

煤炭供应链上，无信息共享与完全信息共享情形对比时，煤炭需求与前一期煤炭需求的相关程度越高，煤炭企业的收益越显著。

2）当 $L < S$ 时

与 $L \geqslant S$ 相比，当 $L < S$ 时，煤炭企业的平均库存不受 γ 的影响，即季节性因素不影响煤炭企业的平均库存水平。对于 $L < S$ 情形，煤炭企业与煤炭需求企业的信息共享不受季节性因素的影响，完全信息共享和无信息共享情形下，煤炭企业的库存水平与季节性因素没有关系，因此考虑煤炭企业收益时，不需要考虑季节因素的影响。

3. 部分信息共享与完全信息共享情形

煤炭企业与煤炭需求企业部分信息共享和煤炭企业与煤炭需求企业完全共享信息情形在 $L \geqslant S$ 和 $L < S$ 两种情况下进行分析。

1）当 $L \geqslant S$ 时

推论1：当 $0 \leqslant \varphi_1 \leqslant 1$ 且 $-1 \leqslant \gamma \leqslant 1$ 时，I_t^{m23} 随着 L 增大而增大，随着 L 减小而减小。

推论2：当 $0 \leqslant \varphi_1 \leqslant 1$ 时，I_t^{m23} 随着 $|\gamma|$ 增大而减小。

推论3：当 $-1 \leqslant \gamma \leqslant 1$ 时，I_t^{m23} 随着 $\varphi_1 \to 1$ 而增大。

推论4：当 $0 \leqslant \varphi_1 \leqslant 1$ 且 $-1 \leqslant \gamma \leqslant 1$ 时，I_t^{m23} 随着 $D(\xi)$ 增大而增大，随着 $D(\xi)$ 减小而减小。

煤炭企业与煤炭需求企业，部分信息共享与完全信息共享对比，煤炭生产提前期越长，完全信息共享带来的收益越显著，煤炭生产提前期越短，完全信息共享带来的收益越不显著，因此当煤炭企业可以将提前期缩短时，煤炭供应链上是否进行信息共享，煤炭企业收益变化不显著，如果完全信息共享投入的成本很高，此时采用部分信息共享即可。

煤炭企业与煤炭需求企业，部分信息共享与完全信息共享对比，季节性因素的相关程度越高，完全信息共享所带来的收益越不显著，即当存在季节因素影响煤炭供应链时，季节性相关程度高时，可以选择部分信息共享而不是完全信息共享。

煤炭企业与煤炭需求企业，部分信息共享与完全信息共享对比，煤炭需求与上一期煤炭需求的相关程度影响煤炭企业与煤炭需求企业的信息共享。相关程度越大，完全信息共享与部分信息共享对比，煤炭企业的收益越显著。

决策偏差的波动也会影响煤炭供应链信息共享，决策偏差的波动越大，完全信息共享相对部分信息共享煤炭企业的收益越显著；决策偏差的波动越小，完全信息共享与部分信息共享对比，煤炭企业的收益越不显著。

2）当 $L < S$ 时

与 $L \geqslant S$ 相比，当 $L < S$ 时煤炭企业的平均库存不受 γ 的影响，即季节性因素不影响煤炭企业的平均库存水平。对于 $L < S$ 情形，煤炭企业与煤炭需求企业的信息共享不受季节性因素的影响，完全信息共享和部分信息共享情形下，煤炭企业的库存水平与季节性因素没有关系，此时考虑煤炭企业收益问题时，不需要考虑季节因素的影响。

通过上述分析可以发现，由煤炭企业和煤炭需求企业构成的二级煤炭供应链，信息共享价值受到需求相关程度、季节性需求相关程度、煤炭需求企业订货偏差的波动程度、煤炭企业生产提前期、季节周期等因素的影响。

完全信息共享时，煤炭企业所获得收益相较于其他两种信息共享情形时要大，部分信息共享时能否获益取决于决策偏差的波动程度，当决策偏差的波动小于一定范围时，部分信息共享要优于无信息共享，反之当决策偏差的波动特别大时，无信息共享要优于部分信息共享。

煤炭生产提前期也是影响煤炭供应链信息共享价值的重要因素，煤炭生产提前期越短，越不需要信息共享，反之煤炭生产提前期越长，信息共享的收益越显著。季节因素的影响也与煤炭生产提前期有关系，煤炭生产提前期越短，季节因素的影响越不显著；煤炭生产提前期越长，季节因素的影响越显著。

煤炭需求与前一期煤炭需求的相关程度会影响煤炭供应链信息共享价值，相关程度越大，信息共享的价值越显著。对于煤炭供应链上信息共享决策要考虑多种因素的影响，部分信息共享在特定的情形下才是最优的选择。

4.3　数　值　分　析

下面通过特定的算例来分析各因素对煤炭供应链信息共享价值的影响，假定 $p_m = 15$，$h_m = 10$，$\gamma = 0.8$，$l = 0$，$L = 5$，$\sigma = 1$，$D(\xi) = 30$ 时，h_m，p_m 分别表示煤炭企业的单位持有成本和缺货成本。$\gamma = 0.8$ 表示当期和季节周期前期的相关程度很高。

图 4 - 4 描述煤炭企业和煤炭需求企业之间，无信息共享与部分信息共享对比时，当 φ_1 越接近 0 时，部分信息共享相对无信息共享收益越小，即需求自相关程度越接近 1 时，无信息共享与部分信息共享的收益差距越大。

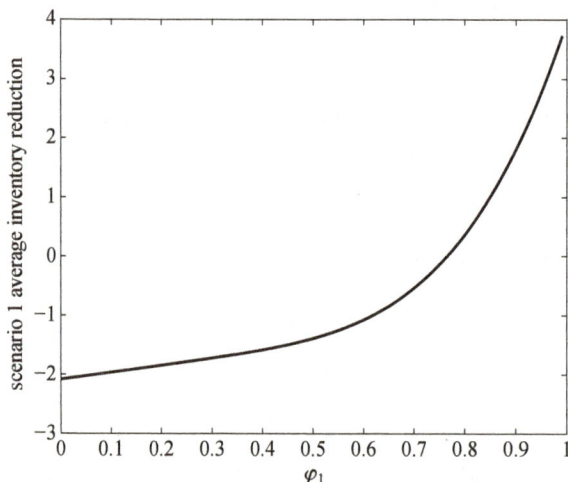

图 4 - 4　无信息共享与部分信息共享情形下 φ_1 与平均库存水平之差关系图

图 4 - 5 描述煤炭企业和煤炭需求企业之间部分信息共享和完全信息共享情形下，当 φ_1 越接近于 1 时两种情形的收益差异越显著，即当煤炭需求与前一期煤炭需求相关程度越高时，煤炭企业与煤炭需求企业之间完全信息共享要比部分信息共享煤炭企业收益越显著。因此对于煤炭供应链，当煤炭需求与前一期煤炭需求相关程度越接近于 1 时，煤炭供应链上完全信息共享煤炭企业的收益要显著优于部分信息共享煤炭企业的收益。

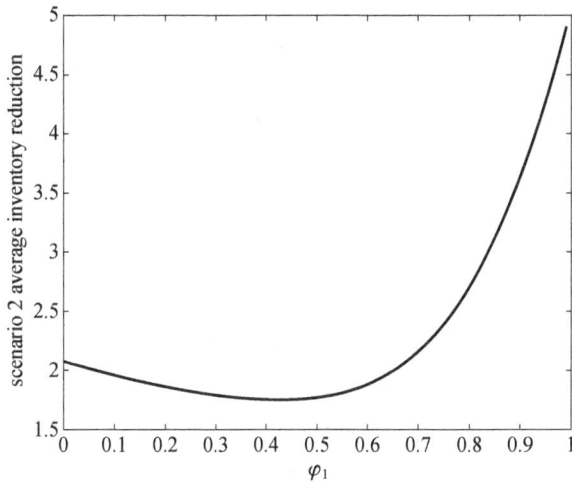

图4-5 部分信息共享与完全信息共享情形下 φ_1 与平均库存水平之差关系图

图4-6显示决策偏差对煤炭供应链信息共享收益的影响，无信息共享和部分信息共享对比情形下，随着决策偏差波动越大，平均库存水平之差越来越大。随着决策偏差波动的增加，部分信息共享情形下考虑决策偏差但没有精确数据，所产生负面效应越加明显，而对于无信息共享情形下，忽略决策偏差导致两种状态下的收益差距越加明显，即如果忽略决策偏差，信息共享与否对煤炭企业来说影响不显著，但是如果存在决策偏差，而且决策偏差波动越大（但是煤炭企业还不知道决策偏差为多少），此时拥有此信息并不能给煤炭企业带来好处，信息的不透明不仅不能带来收益，反而会使企业陷入两难境地。此时供应链上没有信息共享更加有利。部分信息共享与完全信息共享时随着决策偏差变动增大，完全信息共享所带来的收益越来越显著，相对于模糊信息，完全信息共享时的精确信息能够给该煤炭供应链带来显著收益。通过图4-6可以发现，当煤炭企业无法获得精确的决策偏差信息时，煤炭供应链上不要进行不精确信息的共享，除非能够获得精确的决策偏差信息。

图4-7描述季节因素与平均库存水平之差的关系，从图形中可以看出三种情形下，季节相关程度越高煤炭供应链上信息共享的影响越不显著，即当煤炭需求季节相关性越低，煤炭供应链上是否进行信息共享对于该供应链的收益

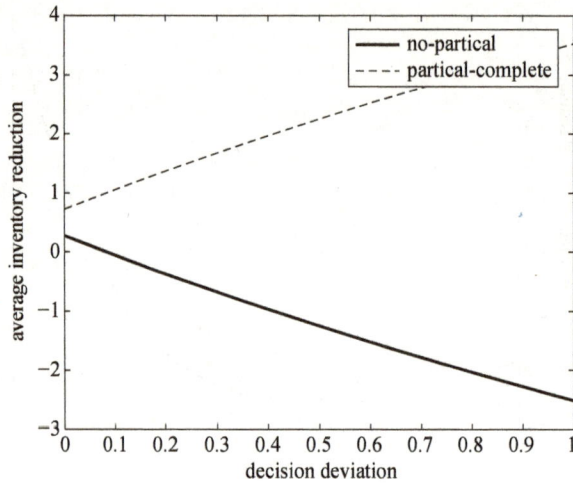

图 4 - 6　决策偏差与平均库存水平之差关系图

影响越显著。随着季节相关程度的增加，无信息共享与部分信息共享的收益差距越不显著，季节相关程度越低，无信息共享和完全信息共享时，平均库存水平之差受到季节因素的影响最显著。季节因素对煤炭供应链信息共享影响，随着季节相关程度的增加而减小，随着季节相关程度的减小而增加。

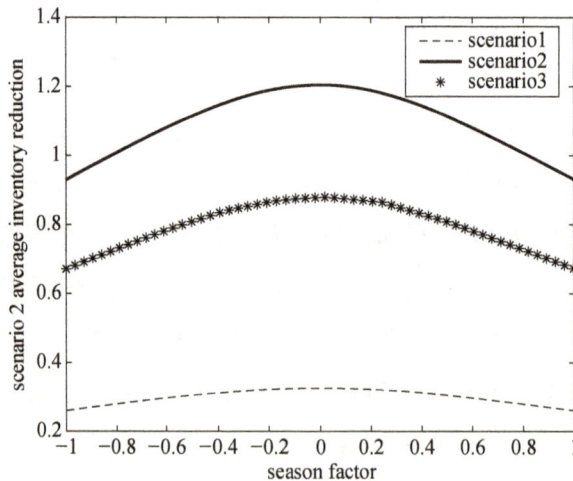

图 4 - 7　季节因素与平均库存水平之差关系图

4.4 本 章 小 结

本章考虑了煤炭供应链订货时存在订货决策偏差、煤炭需求具有季节性因素的影响下，三种信息共享情形下，对煤炭供应链上煤炭企业库存成本的影响，分析煤炭供应链信息共享的价值，分别讨论了在这三种情形下煤炭供应链的信息共享决策。通过对模型分析和数值模拟分析发现，煤炭需求与前一期煤炭需求的相关程度、煤炭需求季节相关程度、决策偏差波动、提前期等因素对煤炭供应链信息共享价值均有影响。

（1）随着煤炭需求与前一期煤炭需求的相关程度越接近于 0，煤炭供应链上部分共享信息的价值越小。对于三种信息共享情形下，随着煤炭需求与前一期煤炭需求相关性的变化给出了具体的最优决策方案。

（2）煤炭需求的季节相关性也会影响到煤炭供应链信息共享价值，煤炭需求季节性只有在特定的条件下才会影响煤炭供应链信息共享价值，当煤炭需求季节性符合该条件时，给出了煤炭供应链在三种信息情形下的最优选择。按照当前国家发改委确定的先进产能评价标准，井工矿月产量不低于 20 万 t，露天矿月产量不低于 30 万 t，我国煤炭供应链煤炭生产提前期要小于煤炭需求的季节周期，因此，煤炭需求的季节性对我国大型煤炭供应链信息共享价值影响较小。

（3）煤炭生产提前期对煤炭供应链信息共享价值具有影响，煤炭生产提前期越短，信息共享的价值越不显著。

（4）决策偏差对于煤炭供应链信息共享价值有影响，由于实践中企业决策一般不是完全依据数量模型计算得出的数量订货，企业总要针对国家能源政策、自身的情况和供应链上的批量、价格优惠等条件做出适当的调整。通过研究发现精确的决策偏差信息对于煤炭供应链是有益的，反之不精确的决策偏差信息对煤炭供应链是有害的，因此在信息共享的过程中，如何提供精确的信息是信息共享实践者需要考虑的问题，除了建立信息共享的平台，还需要建立相应的机制以确保信息共享的准确实现。

本章的研究对于实践中的煤炭供应链信息共享决策提供了理论依据，研究表明信息共享并不是任意情形下的最佳选择，给出了具体的条件约束。

5　三级煤炭供应链需求信息共享

第 4 章研究了二级煤炭供应链需求信息共享问题，通过第 4 章的研究发现，季节因素对我国煤炭供应链信息共享影响较小，本章不再考虑季节因素的影响。本章研究三级煤炭供应链的信息共享，原煤经过矿山开采出来有些直接销售，有些需要进行洗选、配煤加工处理后销售，还有些原煤需要通过加工处理变成焦煤。焦煤是钢铁行业的重要原料，与原煤的物流环节相比，焦煤的物流增加了一个环节，这样焦煤供应链要比二级煤炭供应链多一个焦煤生产企业环节。本章则主要研究由煤炭企业、焦煤生产企业和钢铁企业构成的三级煤炭供应链的信息共享价值问题。

本章结构如下：首先建立三级煤炭供应链及三级煤炭供应链信息共享模型，接下来分析部分信息共享、无信息共享和完全信息共享情形下的焦煤生产企业、煤炭企业的库存成本的变化，进而分析煤炭供应链信息共享价值及其影响因素，最后通过数值分析验证了上述的结论并总结本章的内容。

5.1　三级煤炭供应链的构成

由煤炭企业、焦煤生产企业、钢铁企业构成了三级煤炭供应链。本章的研究中，钢铁企业根据用煤需求向焦煤生产企业订购相应数量的焦煤，焦煤生产企业首先通过库存满足下游钢铁企业的用煤需求，不足的部分再向它的上游煤炭企业订购，煤炭企业收到焦煤生产企业的用煤需求，先通过库存满足要求，剩余的部分通过继续生产来满足，此处假定煤炭企业的生产能力无限。本章主要研究三级煤炭供应链上需求信息和决策偏差信息共享，通过分析三个节点企业在不同的信息共享情形下库存成本的变动，找出影响三级煤炭供应链信息共享价值的因素，以及各影响因素变化时，最优的信息共享方案。

5.2 三级煤炭供应链需求信息共享模型

模型中所使用的所有变量、参数的定义如表5-1所示。

本章考虑由煤炭企业、焦煤生产企业、钢铁企业构成的三级煤炭供应链，下文中分别用字母 m,c,p 表示，信息共享情形分为三种，第一种情形是在三级煤炭供应链上没有信息共享，各企业在向它的上游订货时，只能获得下游企业的订单信息及历史订单信息。第二种情形，焦煤生产企业向煤炭企业订购煤炭时，除了收到钢铁企业传递的订单信息外，还能获得煤炭需求信息。第三种情形，钢铁企业将煤炭需求信息传递给焦煤生产企业和煤炭企业，煤炭企业在制订生产计划时，除了依据焦煤生产企业的订单信息外，还能够获得钢铁企业传递的煤炭需求信息以及决策偏差信息。下面分别详细介绍三种信息共享情形。

表5-1 各变量参数符号及定义

变量	含义
D_t	第 t 期的煤炭需求量
y_t^p	第 t 期钢铁企业向焦煤生产企业订购数量
y_t^c	第 t 期焦煤生产企业向煤炭企业订购数量
ξ_t^p	第 t 期钢铁企业订货决策的决策偏差
ξ_t^c	第 t 期焦煤生产企业订货决策的决策偏差
φ_0	煤炭平均需求
φ_1	第 t 期的煤炭需求与前一期的煤炭需求的相关程度
ε_t	第 t 期误差项
I_p, I_c	钢铁企业的订货提前期、焦煤企业的订货提前期
I_m	煤炭企业的生产提前期
p^p, p^c, p^m	钢铁企业、焦煤生产企业、煤炭企业的单位缺货成本

变量	含义
h^p，h^c，h^m	钢铁企业、焦煤生产企业、煤炭企业的单位存储成本
s_t^p、s_t^c	钢铁企业、焦煤生产企业的订货水平
s_t^m	煤炭企业的库存水平

情形 1：煤炭供应链上无信息共享，钢铁企业在第 t 期的煤炭需求量为 D_t，钢铁企业向焦煤生产企业订购 y_t^p 数量的煤炭，以满足自身正常的生产与库存需求，提前期为 I_p，钢铁企业在第 $t + I_p + 1$ 期末收到订购的煤炭。焦煤生产企业收到钢铁企业的订单后，先通过库存满足需求，然后向煤炭企业订购 y_t^c 数量的煤炭，煤炭企业通过现有的库存满足需求，其余不足部分通过继续生产解决，提前期为 I_c，则焦煤生产企业在第 $t + I_c + 1$ 期末收到所订购的煤炭。无信息共享情形下的煤炭订购过程如图 5 - 1 所示。

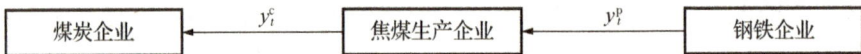

图 5 - 1　无信息共享情形下的煤炭订购过程

情形 2：部分信息共享，钢铁企业第 t 期的煤炭需求量为 D_t，钢铁企业与焦煤生产企业之间除了传递 y_t^p 订单信息以外，焦煤生产企业做决策时还能获得钢铁企业对煤炭需求的预测信息。其余同情形 1 中类似。部分信息共享情形下的煤炭订购过程如图 5 - 2 所示。

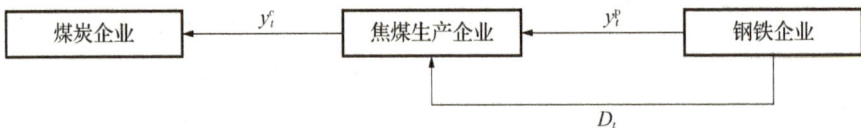

图 5 - 2　部分信息共享情形下的煤炭订购过程

情形 3：钢铁企业与煤炭企业和焦煤生产企业共享订单信息、需求信息及决策偏差信息，钢铁企业在第 t 期的煤炭需求量为 D_t，钢铁企业与焦煤生产企业之间传递 y_t^p 信息，焦煤生产企业与煤炭企业之间传递 y_t^c 信息，焦煤生产企业、煤炭企业在做决策时，还能获得钢铁企业的煤炭需求信息、决策偏差信息等。其余同情形2中类似。完全信息共享情形下的煤炭订购过程如图5-3所示。

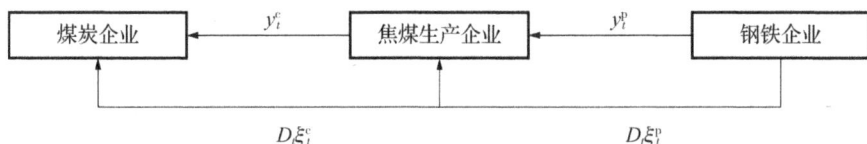

图5-3 完全信息共享情形下的煤炭订购过程

考虑由一个煤炭企业、一个焦煤生产企业和一个钢铁企业构成的三级煤炭供应链模型，假定煤炭需求量满足：

$$D_t = \varphi_0 + \varphi_1 D_{t-1} + \varepsilon_t \tag{5-1}$$

公式（5-1）中：ε_t 通常为独立同分布，且为正态分布，即 $\varepsilon_t \sim N(0,\sigma^2)$，假定 σ 远小于 φ_0，因此负的需求本书忽略不计。

在第 t 期初钢铁企业根据自身观察的煤炭需求量为 D_t，用自己的库存满足该需求，到第 t 期末钢铁企业检查自身库存水平，并向焦煤生产企业订购 y_t^p 数量的煤炭。焦煤生产企业在第 t 期末收到钢铁企业的订单后发货给钢铁企业，焦煤生产企业检查自己的库存并向煤炭企业订购 y_t^c 数量的煤炭，煤炭企业发货给焦煤生产企业。假定缺货成本和库存持有成本均为常数，即 p^p,p^c,p^m,h^p,h^c,h^m 均为常数。

5.3 三级煤炭供应链信息共享价值

5.3.1 钢铁企业的最优订货水平

钢铁企业的订货量在三种信息情形下是一致的，钢铁企业的最优订货水平不受信息共享状态的影响，因此三种情形下钢铁企业的最优订货水平可以一起研究。钢铁企业在 t 期煤炭需求量为 D_t，钢铁企业向焦煤生产企业订购 y_t^p 数量的煤炭以满足自身正常生产与库存需求，在 $t+I_p+1$ 期末收到所订购的煤炭。

为了降低成本，钢铁企业在第 t 期的最优订货水平为 s_t^{p*}，以确保在 $t + I_p + 1$ 期间总的库存持有成本和缺货成本最低。

第 t 期的钢铁企业向焦煤生产企业订购的数量：

$$y_t^p = D_t + s_t^p - s_{t-1}^p + \xi_t^p \tag{5-2}$$

式中：ξ_t^p——第 t 期钢铁企业订货决策的决策偏差。

在提前期 $I_p + 1$ 内总煤炭需求量：

$$\sum_{i=1}^{I_p+1} D_{t+i} = \frac{1}{1-\varphi_1}\Big\{\varphi_0\sum_{i=1}^{I_p+1}(1-\varphi_1^i) + \varphi_1(1-\varphi_1^{I_p+1})D_t\Big\} + \varepsilon_{l+1} +$$
$$(1+\varphi_1)\varepsilon_l + \cdots + (1+\varphi_1+\varphi_1^2+\cdots+\varphi_1^l)\varepsilon_{t+1} \tag{5-3}$$

令

$$m_t^p = E\Big[\sum_{i=1}^{I_p+1} D_{t+i}\,\big|\,D_t\Big]$$

$$v_t^p = \mathrm{Var}\Big[\sum_{i=1}^{I_p+1} D_{t+i}\,\big|\,D_t\Big]$$

式中：m_t^p，v_t^p——$\sum_{i=1}^{I_p+1} D_{t+i}$ 的条件期望和条件方差。

则可得：

$$m_t^p = \frac{\varphi_0}{1-\varphi_1}\Big\{(I_p+1) - \sum_{j=1}^{I_p+1}\varphi_1^j\Big\} + \frac{\varphi_1(1-\varphi_1^{I_p+1})}{1-\varphi_1}D_t \tag{5-4}$$

$$v_t^p = \frac{\sigma^2}{(1-\varphi_1^2)}\sum_{j=0}^{I_p}(1-\varphi_1^{j+1})^2 \tag{5-5}$$

钢铁企业在第 t 期的最优订货水平 s_t^{p*}：

$$s_t^{p*} = m_t^p + k_p\sqrt{v_t^p} \tag{5-6}$$

其中，$k_p = \Phi^{-1}\Big(\dfrac{p_p}{p_p+h_p}\Big)$。

5.3.2 焦煤生产企业的最优订货水平

焦煤生产企业收到钢铁企业的订单 y_t^p 首先检查库存，通过库存满足需求，不足部分向煤炭企业订货，焦煤生产企业在第 $t + I_c + 1$ 期末收到订购的煤炭。

钢铁企业在第 t 期的焦煤订购数量：

$$y_t^{\mathrm{p}} = D_t + s_t^{\mathrm{p}*} - s_{t-1}^{\mathrm{p}*} + \xi_t^{\mathrm{p}}$$

$$= D_t + \frac{\varphi_1(1 - \varphi_1^{I_{\mathrm{p}}+1})}{1 - \varphi_1}(D_t - D_{t-1}) + \xi_t^{\mathrm{p}} \qquad (5-7)$$

由公式（5-1）和公式（5-7）可得：

$$y_{t+1}^{\mathrm{p}} = \varphi_0 + \varphi_1 y_t^{\mathrm{p}} + \frac{1 - \varphi_1^{I_{\mathrm{p}}+2}}{1 - \varphi_1}\varepsilon_{t+1} - \frac{\varphi_1 - \varphi_1^{I_{\mathrm{p}}+2}}{1 - \varphi_1}\varepsilon_t - \varphi_1 \xi_t^{\mathrm{p}} + \xi_{t+1}^{\mathrm{p}}$$

第 $t + i$ 期的订购数量：

$$y_{t+2}^{\mathrm{p}} = \varphi_0 + \varphi_0\varphi_1 + \varphi_1^2 y_t^{\mathrm{p}} + \frac{1 - \varphi_1^{I_{\mathrm{p}}+2}}{1 - \varphi_1}\varepsilon_{t+2} + \varphi_1^{I_{\mathrm{p}}+2}\varepsilon_{t+1} - \varphi_1^2(1 + \varphi_1 + \cdots + \varphi_1^{I_{\mathrm{p}}})\varepsilon_t -$$

$$\varphi_1^2 \xi_t^{\mathrm{p}} + \xi_{t+2}^{\mathrm{p}}$$

可得：

$$y_{t+i}^{\mathrm{p}} = \varphi_0\frac{1 - \varphi_1^i}{1 - \varphi_1} + \varphi_1^i y_t^{\mathrm{p}} + \frac{1 - \varphi_1^{I_{\mathrm{p}}+i}}{1 - \varphi_1}\varepsilon_{t+i} + \sum_{j=1}^{i-1}\varphi_1^{I_{\mathrm{p}}+j+1}\varepsilon_{t+i-j} -$$

$$\varphi_1^i\left(\frac{1 - \varphi_1^{I_{\mathrm{p}}+1}}{1 - \varphi_1}\right)\varepsilon_t - \varphi_1^i \xi_t^{\mathrm{p}} + \xi_{t+i}^{\mathrm{p}} \qquad (5-8)$$

提前期 $I_{\mathrm{c}} + 1$ 期内钢铁企业总的煤炭需求量：

$$\sum_{j=1}^{I_{\mathrm{c}}+1} y_{t+i}^{\mathrm{p}} = \frac{\varphi_0}{1 - \varphi_1}\left[I_{\mathrm{c}} + 1 - \frac{\varphi_1(1 - \varphi_1^{I_{\mathrm{c}}+1})}{1 - \varphi_1}\right] + \frac{\varphi_1(1 - \varphi_1^{I_{\mathrm{c}}+1})}{1 - \varphi_1}y_t^{\mathrm{p}} +$$

$$\frac{1}{1 - \varphi_1}\sum_{i=1}^{I_{\mathrm{c}}+1}(1 - \varphi_1^{I_{\mathrm{c}}+i})\varepsilon_{t+i} + \sum_{i=1}^{I_{\mathrm{c}}+1}\sum_{j=1}^{i-1}\varphi_1^{I_{\mathrm{p}}+j+1}\varepsilon_{t+i-j} -$$

$$\frac{\varphi_1(1 - \varphi_1^{I_{\mathrm{c}}+1})(1 - \varphi_1^{I_{\mathrm{p}}+1})}{(1 - \varphi_1)^2}\varepsilon_t - \frac{\varphi_1(1 - \varphi_1^{I_{\mathrm{c}}+1})}{1 - \varphi_1}\xi_t^{\mathrm{p}} + \sum_{i=1}^{I_{\mathrm{c}}+1}\xi_{t+i}^{\mathrm{p}}$$

$$(5-9)$$

1. 无信息共享情形下焦煤生产企业的最优订货水平

三级煤炭供应链无信息共享情形下，焦煤生产企业确定它的订货水平时，钢铁企业的订单信息 y_t^{p} 是已知的，其余均为未知。此时的条件期望和方差分别为 m_t^{c1}，v_t^{c1}：

$$m_t^{\mathrm{c1}} = \frac{\varphi_0}{1 - \varphi_1}\left[I_{\mathrm{c}} + 1 - \frac{\varphi_1(1 - \varphi_1^{I_{\mathrm{c}}+1})}{1 - \varphi_1}\right] + \frac{\varphi_1(1 - \varphi_1^{I_{\mathrm{c}}+1})}{1 - \varphi_1}y_t^{\mathrm{p}}$$

$$v_t^{c1} = \left\{ \frac{1}{(1-\varphi_1)^2} \left[\sum_{i=1}^{I_c+1} (1-\varphi_1^{I_c+i}) \right]^2 + \left(\sum_{i=1}^{I_c+1} \sum_{j=1}^{i-1} \varphi_1^{I_p+j+1} \right)^2 + \right.$$

$$\left. \left[\frac{\varphi_1(1-\varphi_1^{I_c+1})(1-\varphi_1^{I_p+1})}{(1-\varphi_1)^2} \right]^2 \right\} \sigma^2$$

焦煤生产企业在第 t 期的最优订货水平 s_t^{c1*}：

$$s_t^{c1*} = m_t^{c1} + k_c \sqrt{v_t^{c1}} \qquad (5-10)$$

其中，$k_c = \Phi^{-1}\left(\dfrac{p_c}{p_c+h_c}\right)$，$\Phi$ 为标准正态分布函数。

2. 部分信息共享情形下焦煤生产企业的最优订货水平

钢铁企业与焦煤生产企业部分信息共享时，焦煤生产企业除了钢铁企业的订单信息 y_t^p 外，还能获得钢铁企业对煤炭需求的预测信息。此时的条件期望和方差分别为 m_t^{c2}，v_t^{c2}：

$$m_t^{c2} = \frac{\varphi_0}{1-\varphi_1}\left[I_c + 1 - \frac{\varphi_1(1-\varphi_1^{I_c+1})}{1-\varphi_1} \right] + \frac{\varphi_1(1-\varphi_1^{I_c+1})}{1-\varphi_1} y_t^p -$$

$$\frac{\varphi_1(1-\varphi_1^{I_c+1})(1-\varphi_1^{I_p+1})}{(1-\varphi_1)^2}\varepsilon_t$$

$$v_t^{c2} = \left\{ \frac{1}{(1-\varphi_1)^2} \left[\sum_{i=1}^{I_c+1} (1-\varphi_1^{I_c+i}) \right]^2 + \left(\sum_{i=1}^{I_c+1} \sum_{j=1}^{i-1} \varphi_1^{I_p+j+1} \right)^2 \right\} \sigma^2 +$$

$$\left\{ \left[\frac{\varphi_1(1-\varphi_1^{I_c+1})}{1-\varphi_1} \right]^2 + I_c + 1 \right\} D(\xi^p)$$

此时焦煤生产企业在第 t 期的最优订货水平 s_t^{c2*}：

$$s_t^{c2*} = m_t^{c2} + k_c \sqrt{v_t^{c2}} \qquad (5-11)$$

其中，$k_c = \Phi^{-1}\left(\dfrac{p_c}{p_c+h_c}\right)$。

3. 完全信息共享情形下焦煤生产企业的最优订货水平

完全信息共享时，对于焦煤生产企业，钢铁企业的订单 y_t^p 是已知的信息，同时还能获得钢铁企业对煤炭需求的预测信息、钢铁企业的决策偏差信息，此时的条件期望和方差分别为 m_t^{c3}，v_t^{c3}：

$$m_t^{c3} = \frac{\varphi_0}{1-\varphi_1}\Big[I_c + 1 - \frac{\varphi_1(1-\varphi_1^{I_c+1})}{1-\varphi_1}\Big] + \frac{\varphi_1(1-\varphi_1^{I_c+1})}{1-\varphi_1}y_t^{p} -$$

$$\frac{\varphi_1(1-\varphi_1^{I_c+1})(1-\varphi_1^{I_p+1})}{(1-\varphi_1)^2}\varepsilon_t - \frac{\varphi_1(1-\varphi_1^{I_c+1})}{1-\varphi_1}\xi_t^{p}$$

$$v_t^{c3} = \Big\{\frac{1}{(1-\varphi_1)^2}\Big[\sum_{i=1}^{I_c+1}(1-\varphi_1^{I_c+i})\Big]^2 + \Big(\sum_{i=1}^{I_c+1}\sum_{j=1}^{i-1}\varphi_1^{I_p+j+1}\Big)^2\Big\}\sigma^2$$

焦煤生产企业在第 t 期的最优订货水平 s_t^{c3*} 为

$$s_t^{c3*} = m_t^{c3} + k_c\sqrt{v_t^{c3}} \tag{5-12}$$

其中，$k_c = \Phi^{-1}\Big(\dfrac{p_c}{p_c + h_c}\Big)$。

5.3.3 煤炭企业的最优库存水平

煤炭企业最优库存水平的确定：焦煤生产企业向煤炭企业下订单 y_t^{p}，煤炭企业首先通过库存满足需求，如果库存不足则继续生产直至满足需求，提前期为 $t + I_m + 1, y_t^{c}$ 此处假定为煤炭企业的需求量，则可以得到：

$$y_t^{c} = y_t^{p} + (s_t^{c*} - s_{t-1}^{c*}) + \xi_t^{c} \tag{5-13}$$

$$y_t^{c} = D_t + \frac{\varphi_1(1-\varphi_1^{I_p+1})}{1-\varphi_1}(D_t - D_{t-1}) + \xi_t^{p} + m_t^{c} - m_{t-1}^{c} + \xi_t^{c} \tag{5-14}$$

1. 无信息共享情形下煤炭企业的最优库存水平

三级煤炭供应链上无信息共享时，煤炭企业仅知道提前期 $I_m + 1$ 内的煤炭运输数量，焦煤生产企业的订购数量 y_t^{c} 是已知的，其余均为随机变量。

$$y_t^{c1} = D_t + \frac{\varphi_1(1-\varphi_1^{I_p+1})}{1-\varphi_1}(D_t - D_{t-1}) + \xi_t^{p} + \frac{\varphi_1(1-\varphi_1^{I_c+1})}{1-\varphi_1}(D_t - D_{t-1}) + \xi_t^{c},$$

第 $t+1$ 期内的需求量：

$$y_{t+1}^{c1} = (1+\varphi_1)\varphi_0 + \varphi_1 y_t^{c} + \frac{1+\varphi_1 - \varphi_1^{I_p+2} - \varphi_1^{I_c+2}}{1-\varphi_1}\varepsilon_{t+1} +$$

$$\frac{\varphi_1}{1-\varphi_1}(\varphi_1^{I_p+2} + \varphi_1^{I_c+2} - 2)\varepsilon_t - \varphi_1\xi_t^{p} - \varphi_1\xi_t^{c} + \xi_{t+1}^{p} + \xi_{t+1}^{c} \tag{5-15}$$

第 $t+i$ 期内的需求量：

$$y_{t+i}^{\mathrm{c1}} = \varphi_0(1+\varphi_1)\frac{1-\varphi_1^i}{1-\varphi_1} + \varphi_1^i y_t^{\mathrm{c}} + \frac{1+\varphi_1 - \varphi_1^{I_{\mathrm{p}}+2} - \varphi_1^{I_{\mathrm{c}}+2}}{1-\varphi_1}\varepsilon_{t+i} - \sum_{j=1}^{i-1}\varphi_1^j\varepsilon_{t+i-j} +$$

$$\frac{\varphi_1^i(\varphi_1^{I_{\mathrm{p}}+2} + \varphi_1^{I_{\mathrm{c}}+2} - 2)}{1-\varphi_1}\varepsilon_t - \varphi_1^i\xi_t^{\mathrm{p}} - \varphi_1^i\xi_t^{\mathrm{c}} + \xi_{t+i}^{\mathrm{p}} + \xi_{t+i}^{\mathrm{c}} \qquad (5-16)$$

令

$$a = \frac{1+\varphi_1 - \varphi_1^{I_{\mathrm{p}}+2} - \varphi_1^{I_{\mathrm{c}}+2}}{1-\varphi_1}$$

$$b = \frac{\varphi_1^{I_{\mathrm{p}}+2} + \varphi_1^{I_{\mathrm{c}}+2} - 2}{1-\varphi_1}$$

提前期内总的需求量:

$$\sum_{j=1}^{I_{\mathrm{m}}+1} y_{t+i}^{\mathrm{c1}} = \frac{\varphi_0(1+\varphi_1)}{1-\varphi_1}\Big[I_{\mathrm{m}}+1-\frac{1-\varphi_1^{I_{\mathrm{m}}+1}}{1-\varphi_1}\Big] + \frac{\varphi_1(1-\varphi_1^{I_{\mathrm{m}}+1})}{1-\varphi_1}y_t^{\mathrm{c}} +$$

$$a\sum_{i=1}^{I_{\mathrm{m}}+1}\varepsilon_{t+i} - \sum_{i=1}^{I_{\mathrm{m}}+1}\sum_{j=1}^{i-1}\varphi_1^j\varepsilon_{t+i-j} + b\frac{\varphi_1(1-\varphi_1^{I_{\mathrm{m}}+1})}{1-\varphi_1}\varepsilon_t -$$

$$\frac{\varphi_1(1-\varphi_1^{I_{\mathrm{m}}+1})}{1-\varphi_1}\xi_t^{\mathrm{p}} - \frac{\varphi_1(1-\varphi_1^{I_{\mathrm{m}}+1})}{1-\varphi_1}\xi_t^{\mathrm{c}} + \sum_{i=1}^{I_{\mathrm{m}}+1}\xi_{t+i}^{\mathrm{p}} + \sum_{i=1}^{I_{\mathrm{m}}+1}\xi_{t+i}^{\mathrm{c}}$$

$$(5-17)$$

此时的条件期望和方差分别为 m_t^{m1}, v_t^{m1}:

$$m_t^{\mathrm{m1}} = \frac{\varphi_0(1+\varphi_1)}{1-\varphi_1}\Big[I_{\mathrm{m}}+1-\frac{1-\varphi_1^{I_{\mathrm{m}}+1}}{1-\varphi_1}\Big] + \frac{\varphi_1(1-\varphi_1^{I_{\mathrm{m}}+1})}{1-\varphi_1}y_t^{\mathrm{c}}$$

$$v_t^{\mathrm{m1}} = \sigma^2\Big[a^2(I_{\mathrm{m}}+1) + \frac{\varphi_1(1-\varphi_1^{I_{\mathrm{m}}+1})}{1-\varphi_1} + b^2\frac{\varphi_1^2(1-\varphi_1^{I_{\mathrm{m}}+1})^2}{(1-\varphi_1)^2}\Big]$$

煤炭企业在第 t 期的最优库存水平 $s_t^{\mathrm{m1}*}$ 为

$$s_t^{\mathrm{m1}*} = m_t^{\mathrm{m1}} + k_{\mathrm{m}}\sqrt{v_t^{\mathrm{m1}}} \qquad (5-18)$$

其中, $k_{\mathrm{m}} = \Phi^{-1}\Big(\frac{p_{\mathrm{m}}}{p_{\mathrm{m}}+h_{\mathrm{m}}}\Big)$, Φ 为标准正态分布函数。

2. 部分信息共享情形下煤炭企业的最优库存水平

部分信息共享时,焦煤生产企业的订单信息 y_t^{c} 是已知的,煤炭企业除了知道提前期 $I_{\mathrm{m}}+1$ 内的煤炭运输数量,同时还能获得焦煤生产企业的煤炭需求信息。此时的条件期望和方差分别为 m_t^{m2}，v_t^{m2}：

$$y_{t+1}^{c2} = (1 + \varphi_1)\varphi_0 + \varphi_1 y_t^c + \frac{1 + \varphi_1 - \varphi_1^{I_p+2} - \varphi_1^{I_c+2}}{1 - \varphi_1}\varepsilon_{t+1} +$$

$$\frac{\varphi_1}{1 - \varphi_1}(\varphi_1^{I_p+2} + \varphi_1^{I_c+2} - 2)\varepsilon_t - \varphi_1\xi_t^p - \varphi_1\xi_t^c + \xi_{t+1}^p +$$

$$\xi_{t+1}^c - \frac{\varphi_1(1 - \varphi_1^{I_c+1})(1 - \varphi_1^{I_p+1})}{(1 - \varphi_1)^2}(\varepsilon_t - \varepsilon_{t-1}),$$

令

$$c = \frac{\varphi_1(1 - \varphi_1^{I_m+1})(\varphi_1^{I_p+2} + \varphi_1^{I_c+2} - 3 + \varphi_1^{I_p+I_c+2})}{(1 - \varphi_1)^2}$$

$$\sum_{j=1}^{I_m+1} y_{t+i}^{c2} = \frac{\varphi_0(1 + \varphi_1)}{1 - \varphi_1}\left[I_m + 1 - \frac{1 - \varphi_1^{I_m+1}}{1 - \varphi_1}\right] + \frac{\varphi_1(1 - \varphi_1^{I_m+1})}{1 - \varphi_1}y_t^c +$$

$$a\sum_{i=1}^{I_m+1}\varepsilon_{t+i} - \sum_{i=1}^{I_m+1}\sum_{j=1}^{i-1}\varphi_1^j\varepsilon_{t+i-j} + c\varepsilon_t - \frac{\varphi_1(1 - \varphi_1^{I_m+1})}{1 - \varphi_1}\xi_t^p -$$

$$\frac{\varphi_1(1 - \varphi_1^{I_m+1})}{1 - \varphi_1}\xi_t^c + \sum_{i=1}^{I_m+1}\xi_{t+i}^p + \sum_{i=1}^{I_m+1}\xi_{t+i}^c \qquad (5-19)$$

$$m_t^{m2} = \frac{\varphi_0(1 + \varphi_1)}{1 - \varphi_1}\left[I_m + 1 - \frac{1 - \varphi_1^{I_m+1}}{1 - \varphi_1}\right] + \frac{\varphi_1(1 - \varphi_1^{I_m+1})}{1 - \varphi_1}y_t^c + c\varepsilon_t$$

$$v_t^{m2} = \sigma^2\left[((I_m + 1)a^2 + \sum_{i=1}^{I_m+1}\sum_{j=1}^{i-1}\varphi_1^j)\right] + \left\{\left[\frac{\varphi_1(1 - \varphi_1^{I_m+1})}{1 - \varphi_1}\right]^2 + (I_m + 1)\right\}D(\xi^p) +$$

$$\left\{\left[\frac{\varphi_1(1 - \varphi_1^{I_m+1})}{1 - \varphi_1}\right]^2 + (I_m + 1)\right\}D(\xi^c)$$

煤炭企业在第 t 期的最优库存水平 s_t^{m2*}：

$$s_t^{m2*} = m_t^{m2} + k_m\sqrt{v_t^{m2}} \qquad (5-20)$$

其中，$k_m = \Phi^{-1}\left(\dfrac{p_m}{p_m + h_m}\right)$。

3. 完全信息共享情形下煤炭企业的最优库存水平

完全信息共享情形下，煤炭企业除了知道焦煤生产企业的订单信息 y_t^c，同时获得的还有钢铁企业的煤炭需求信息和钢铁企业的决策偏差信息，焦煤生产企业的需求信息和焦煤生产企业的决策偏差信息。此时的条件期望和方差分别为 m_t^{m3}，v_t^{m3}。

$$y_{t+1}^{c3} = (1 + \varphi_1)\varphi_0 + \varphi_1 y_t^c + \frac{1 + \varphi_1 - \varphi_1^{I_p+2} - \varphi_1^{I_c+2}}{1 - \varphi_1}\varepsilon_{t+1} +$$

$$\frac{\varphi_1}{1 - \varphi_1}(\varphi_1^{I_p+2} + \varphi_1^{I_c+2} - 2)\varepsilon_t - \varphi_1\xi_t^p - \varphi_1\xi_t^c + \xi_{t+1}^p +$$

$$\xi_{t+1}^c - \frac{\varphi_1(1 - \varphi_1^{I_c+1})(1 - \varphi_1^{I_p+1})}{(1 - \varphi_1)^2}(\varepsilon_t - \varepsilon_{t-1})$$

$$\sum_{j=1}^{I_m+1} y_{t+i}^{c3} = \frac{\varphi_0(1 + \varphi_1)}{1 - \varphi_1}\Big[I_m + 1 - \frac{1 - \varphi_1^{I_m+1}}{1 - \varphi_1}\Big] + \frac{\varphi_1(1 - \varphi_1^{I_m+1})}{1 - \varphi_1}y_t^c +$$

$$a\sum_{i=1}^{I_m+1}\varepsilon_{t+i} - \sum_{i=1}^{I_m+1}\sum_{j=1}^{i-1}\varphi_1^j\varepsilon_{t+i-j} + c\varepsilon_t - \frac{\varphi_1(1 - \varphi_1^{I_m+1})(1 - \varphi_1^{I_c+1})}{1 - \varphi_1}\xi_t^p -$$

$$\frac{\varphi_1(1 - \varphi_1^{I_m+1})}{1 - \varphi_1}\xi_t^c + \sum_{i=1}^{I_m+1}\xi_{t+i}^p - \frac{\varphi_1(1 - \varphi_1^{I_c+1})}{1 - \varphi_1}\xi_{t+i}^p + \sum_{i=1}^{I_m+1}\xi_{t+i}^c \quad (5-21)$$

$$m_t^{m3} = \frac{\varphi_0(1 + \varphi_1)}{1 - \varphi_1}\Big[I_m + 1 - \frac{1 - \varphi_1^{I_m+1}}{1 - \varphi_1}\Big] + \frac{\varphi_1(1 - \varphi_1^{I_m+1})}{1 - \varphi_1}y_t^c$$

$$v_t^{m3} = \sigma^2\Big[((I_m + 1)a^2 + \sum_{i=1}^{I_m+1}\sum_{j=1}^{i-1}\varphi_1^j)\Big]$$

煤炭企业在第 t 期的最优库存水平 s_t^{m3*} 为

$$s_t^{m3*} = m_t^{m3} + k_m\sqrt{v_t^{m3}} \quad (5-22)$$

其中，$k_m = \Phi^{-1}\left(\dfrac{p_m}{p_m + h_m}\right)$。

5.3.4　三级煤炭供应链信息共享价值分析

煤炭供应链信息共享的价值可以通过库存成本的节约来体现，本书中主要通过库存成本的变动来分析煤炭供应链信息共享的价值，下面分别从焦煤生产企业和煤炭企业的库存成本变化的角度进行分析。

1. 焦煤生产企业在三种信息共享情形下的平均库存水平与库存持有成本和缺货成本

本书中平均库存水平采用 Silver 和 Peterson 提出的平均库存水平来确定[145]：

$$I_t = \left\{ s_t - E\left(\sum_{i=1}^{L+1} Y_{t+i} \right) + E\frac{(Y_t)}{2} \right\} = \left\{ s_t - m_t + \frac{E(Y_t)}{2} \right\} \qquad (5-23)$$

则焦煤生产企业在三种信息共享情形下的平均库存水平分别如下：

$$I_t^{c1} = s_t^{c1} - m_t^{c1} + E\frac{(Y_t)}{2} = k_c \sqrt{v_t^{c1}} + \frac{\varphi_0}{2(1-\varphi_1)} \qquad (5-24)$$

$$I_t^{c2} = s_t^{c2} - m_t^{c2} + \frac{E(Y_t)}{2} = k_c \sqrt{v_t^{c2}} + \frac{\varphi_0}{2(1-\varphi_1)} \qquad (5-25)$$

$$I_t^{c3} = s_t^{c3} - m_t^{c3} + \frac{E(Y_t)}{2} = k_c \sqrt{v_t^{c3}} + \frac{\varphi_0}{2(1-\varphi_1)} \qquad (5-26)$$

本书采用 Lee 和 Whang 中的成本函数确定库存成本[22]：

$$C_c = \sqrt{v_t^c} \left[(h_c + p_c)L(K) + h_c K \right] \qquad (5-27)$$

则焦煤生产企业在 $t + I_c + 1$ 期间的库存持有成本和缺货成本如下：

$$C_c^1 = \sqrt{v_t^{c1}} \left[(h_c + p_c)L(K_c) + h_c K_c \right]$$

$$C_c^2 = \sqrt{v_t^{c2}} \left[(h_c + p_c)L(K_c) + h_c K_c \right]$$

$$C_c^3 = \sqrt{v_t^{c3}} \left[(h_c + p_c)L(K_c) + h_c K_c \right]$$

式中：$L(x)$ ——标准正态分布的右侧损失函数，$L(x) = \int_K^\infty (z-x)\mathrm{d}\,\Phi(z)$。

由公式（5-27）可以看出，焦煤生产企业的库存持有成本和缺货成本与平均库存水平存在线性关系，因此下面关于焦煤生产企业成本的分析可以从平均库存水平的分析中得出。

推论1：对于任意的 $-1 < \varphi_1 < 1$，$I_t^{c1} > I_t^{c3}$，$I_t^{c2} > I_t^{c3}$

证明：

$$v_t^{c1} - v_t^{c3} = \left[\frac{\varphi_1(1-\varphi_1^{I_c+1})(1-\varphi_1^{I_p+1})}{(1-\varphi_1)^2} \right]^2 \sigma^2$$

$$v_t^{c2} - v_t^{c3} = (I_c + 1) D(\xi^p)$$

由公式可见：$I_t^{c1} - I_t^{c3} > 0$，$I_t^{c2} - I_t^{c3} > 0$，推论1得证。

通过上述的推论可以看出，无信息共享和完全信息共享情形对比时，焦煤生产企业的平均库存水平的降低程度和 φ_1，σ^2，I_c，$D(\xi^p)$ 相关。随着 φ_1 的增加，焦煤生产企业的平均库存水平降低幅度越来越大，焦煤生产企业的平均库存水平随着提前期的 I_c 增长而增加。随着 $D(\xi^p)$ 的增加，焦煤生产企业的平均库存水平降低幅度越来越大。部分信息共享和完全信息共享情形对比时，焦煤生产企业的平均库存水平的降低幅度与 I_c，$D(\xi^p)$ 相关。随着 I_c 增加，焦煤生产企业的平均库存水平降低幅度越大；随着 $D(\xi^p)$ 的增加，焦煤生产企业的平均库存水平降低幅度越大。

推论2：对于任意的 $-1 < \varphi_1 < 1$，当

$$D(\xi^p) < \frac{\left[\dfrac{\varphi_1 (1 - \varphi_1^{I_c+1})(1 - \varphi_1^{I_p+1})}{(1 - \varphi_1)^2} \right]^2 \sigma^2}{\left\{ \left[\dfrac{\varphi_1 (1 - \varphi_1^{I_c+1})}{1 - \varphi_1} \right]^2 + I_c + 1 \right\}} \text{ 时，} I_t^{c1} - I_t^{c2} > 0 。$$

焦煤生产企业在部分信息共享和无信息共享情形对比时，部分信息共享情形下焦煤生产企业获知钢厂再订货时存在决策偏差，但是对于决策偏差的具体数值仍然未知，此时焦煤生产企业考虑到决策偏差的因素会适当地调高库存水平，如果决策偏差波动超过一定范围，部分信息共享情形不能给焦煤生产企业带来收益，此时无信息共享优于部分信息共享。

2. 煤炭企业在三种信息共享情形下的平均库存水平与库存持有成本和缺货成本

煤炭企业三种信息共享情形下的平均库存水平如下：

$$I_t^{m1} = s_t^{m1} - m_t^{m1} + E\frac{(Y_t)}{2} = k_m \sqrt{v_t^{m1}} + \frac{\varphi_0}{2(1 - \varphi_1)} \qquad (5-28)$$

$$I_t^{m2} = s_t^{m2} - m_t^{m2} + \frac{E(Y_t)}{2} = k_m \sqrt{v_t^{m2}} + \frac{\varphi_0}{2(1 - \varphi_1)} \qquad (5-29)$$

$$I_t^{m3} = s_t^{m3} - m_t^{m3} + \frac{E(Y_t)}{2} = k_m \sqrt{v_t^{m3}} + \frac{\varphi_0}{2(1 - \varphi_1)} \qquad (5-30)$$

本书采用 Lee 和 Whang 的成本函数[22]：

$$C_{\mathrm{m}} = \sqrt{v_t^{\mathrm{m}}} \left[(h_{\mathrm{m}} + p_{\mathrm{m}}) L(K) + h_{\mathrm{m}} K \right]$$

煤炭企业在 $t + I_{\mathrm{p}} + 1$ 期间的库存持有成本和缺货成本：

$$C_{\mathrm{m}}^1 = \sqrt{v_t^{\mathrm{m1}}} \left[(h_{\mathrm{m}} + p_{\mathrm{m}}) L(K_{\mathrm{m}}) + h_{\mathrm{m}} K_{\mathrm{m}} \right]$$

$$C_{\mathrm{m}}^2 = \sqrt{v_t^{\mathrm{m2}}} \left[(h_{\mathrm{m}} + p_{\mathrm{m}}) L(K_{\mathrm{m}}) + h_{\mathrm{m}} K_{\mathrm{m}} \right] \qquad (5-31)$$

$$C_{\mathrm{m}}^3 = \sqrt{v_t^{\mathrm{m3}}} \left[(h_{\mathrm{m}} + p_{\mathrm{m}}) L(K_{\mathrm{m}}) + h_{\mathrm{m}} K_{\mathrm{m}} \right]$$

式中：$L(x)$ ——标准正态分布的右侧损失函数，$L(x) = \int_K^\infty (z - x) \mathrm{d}\,\Phi(z)$。

由公式（5-31）可以看出，煤炭企业的库存持有成本和缺货成本与平均库存水平存在线性关系，因此下文中关于煤炭企业成本的分析可以从平均库存水平的分析得出。

推论 3：对于任意的 $-1 < \varphi_1 < 1$，$I_t^{m1} > I_t^{m3}$，$I_t^{m2} > I_t^{m3}$

证明：

$$v_t^{\mathrm{m2}} - v_t^{\mathrm{m3}} = \left\{ \left[\frac{\varphi_1 (1 - \varphi_1^{I_{\mathrm{m}}+1})}{1 - \varphi_1} \right]^2 + (I_{\mathrm{m}} + 1) \right\} D(\xi^{\mathrm{p}}) + \\ \left\{ \left[\frac{\varphi_1 (1 - \varphi_1^{I_{\mathrm{m}}+1})}{1 - \varphi_1} \right]^2 + (I_{\mathrm{m}} + 1) \right\} D(\xi^{\mathrm{c}})$$

$$v_t^{\mathrm{m1}} - v_t^{\mathrm{m3}} = \sigma^2 \left[\frac{\varphi_1 (1 - \varphi_1^{I_{\mathrm{m}}+1})}{1 - \varphi_1} + b^2 \frac{\varphi_1^2 (1 - \varphi_1^{I_{\mathrm{m}}+1})^2}{(1 - \varphi_1)^2} - \sum_{i=1}^{I_{\mathrm{m}}+1} \sum_{j=1}^{i-1} \varphi_1^j \right]$$

由上可见，$I_t^{c2} - I_t^{c3} > 0$，$I_t^{c1} - I_t^{c3} > 0$。

通过上述的推论可以看出，无信息共享和完全信息共享情形对比时，煤炭企业的平均库存水平的降低程度和 φ_1，σ^2，I_{m}，$D(\xi^{\mathrm{p}})$，$D(\xi^{\mathrm{c}})$ 相关。随着 φ_1 的增加，煤炭企业的平均库存水平降低幅度越大。煤炭企业的平均库存水平随着提前期的 I_{m} 增长而增加，随着 $D(\xi^{\mathrm{p}})$，$D(\xi^{\mathrm{c}})$ 的增加，煤炭企业的平均库存水平降低幅度越大。部分信息共享和完全信息共享情形对比时，煤炭企业的平均库存水平的降低幅度和 φ_1，σ^2，I_{m}，$D(\xi^{\mathrm{p}})$ 相关。随着 I_{m} 越长，煤炭企业的平均库存水平降低幅度越大，随着 $D(\xi^{\mathrm{p}})$ 的增加，煤炭企业的平均库存水平降低幅度越大。

推论 4：对于任意的 $-1 < \varphi_1 < 1$，当

$$\sigma^2 \left[\frac{\varphi_1(1 - \varphi_1^{I_m+1})}{1 - \varphi_1} + b^2 \frac{\varphi_1^2(1 - \varphi_1^{I_m+1})^2}{(1 - \varphi_1)^2} \right] - \sigma^2 \left(\sum_{i=1}^{I_m+1} \sum_{j=1}^{i-1} \varphi_1^j \right)$$

$$D(\xi^c) < \frac{-\left\{ \left[\frac{\varphi_1(1 - \varphi_1^{I_m+1})}{1 - \varphi_1} \right]^2 + (I_m + 1) \right\} D(\xi^p)}{\left[\frac{\varphi_1(1 - \varphi_1^{I_m+1})}{1 - \varphi_1} \right]^2 + (I_m + 1)}$$

时，$I_t^{c1} - I_t^{c2} > 0$。

煤炭企业在部分信息共享和无信息共享对比时，部分信息共享情形下煤炭企业获知焦煤生产企业在订货时存在决策偏差，但是对于决策偏差的具体数值仍然未知，此时煤炭企业考虑到决策偏差的因素会适当地调高库存水平，如果决策偏差波动超过一定范围，部分信息共享不能给煤炭企业带来收益，此时无信息共享情形优于部分信息共享情形。

5.4 数 值 分 析

本节通过数值例子验证上述的推论，分析 φ_1，ξ_t^c，ξ_t^p 分别对于三级煤炭供应链信息共享价值的影响。以下研究假定 $I_p = 2$，$I_m = 3$，$I_c = 2$，$\sigma^2 = 1$，$D(\xi^c) = 20$，$D(\xi^p) = 20$。

1. φ_1 的变化对各种信息共享情形下焦煤生产企业库存持有成本及缺货成本变化的影响

从图 5-4 可以看出，煤炭需求与前一期煤炭需求存在正相关关系且相关程度越大，完全信息共享是最优选择，部分信息共享情形和完全信息共享情形对比时，随着煤炭需求与前一期煤炭需求的相关程度越接近于 1，两者的收益差距越大，部分信息共享情形由于决策偏差信息没有精确共享导致焦煤生产企业的库存持有水平要在特定条件下才能低于无信息共享情形。

从图 5-5 可以看出煤炭需求与前一期煤炭需求的相关程度 φ_1 的变化对煤炭企业的库存持有成本和缺货成本的影响，在无信息共享和部分信息共享情形下，随着 φ_1 增加，煤炭企业库存成本的节约越多，收益显著。当 φ_1 值越接近于 1 时，信息共享无论是部分信息共享情形还是完全信息共享情形，煤炭企业的库存成本节约越大，即信息共享的价值越大。

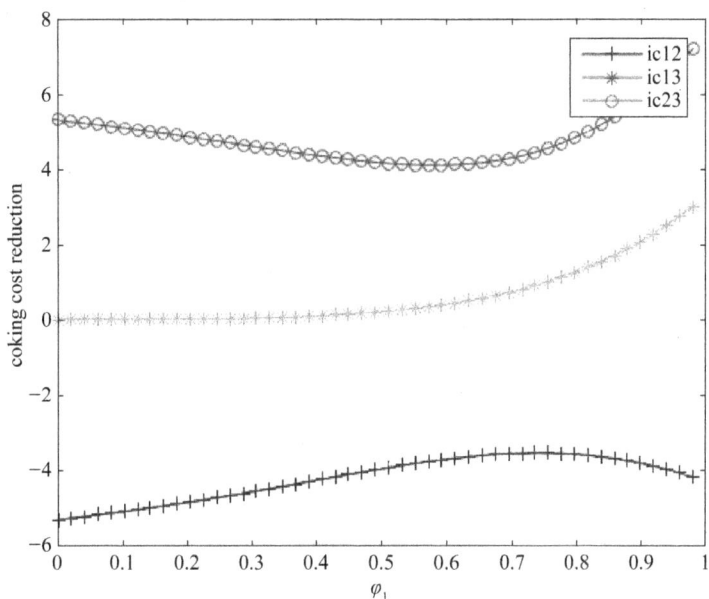

图 5-4 φ_1 变化对焦煤生产企业库存持有成本的影响

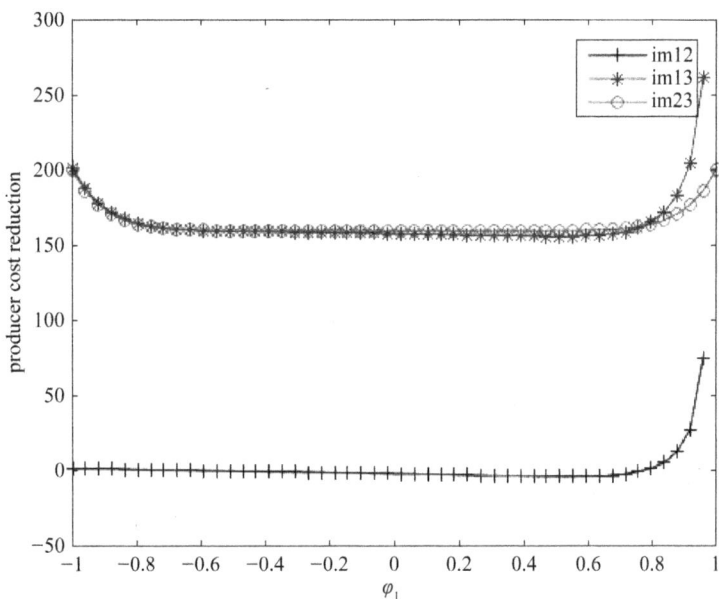

图 5-5 φ_1 变化对煤炭企业库存持有成本和缺货成本的影响

2. ξ_t^c，ξ_t^p 的变化对各种信息共享情形下焦煤生产企业库存情形成本变化的影响

从图 5 – 6 可以看到钢铁企业决策偏差的波动在无信息共享情形和部分信息共享情形对比时，当决策偏差波动越大，焦煤生产企业的库存成本变化越显著；当完全信息共享情形和无信息共享情形对比时，由于共享了决策偏差信息使得焦煤生产企业的库存成本有显著的降低，信息共享的价值显著。

图 5 – 7 显示了焦煤生产企业决策偏差的波动对煤炭企业库存成本的影响，可以看到当完全信息共享情形和无信息共享情形对比时，由于共享了焦煤生产企业的决策偏差使得煤炭企业的成本有显著的降低，信息共享的价值显著。部分信息共享情形和完全信息共享情形对比时，决策偏差信息共享也使得煤炭企业的库存成本显著降低。

综上，三级煤炭供应链上共享精确的决策偏差信息是有益的。

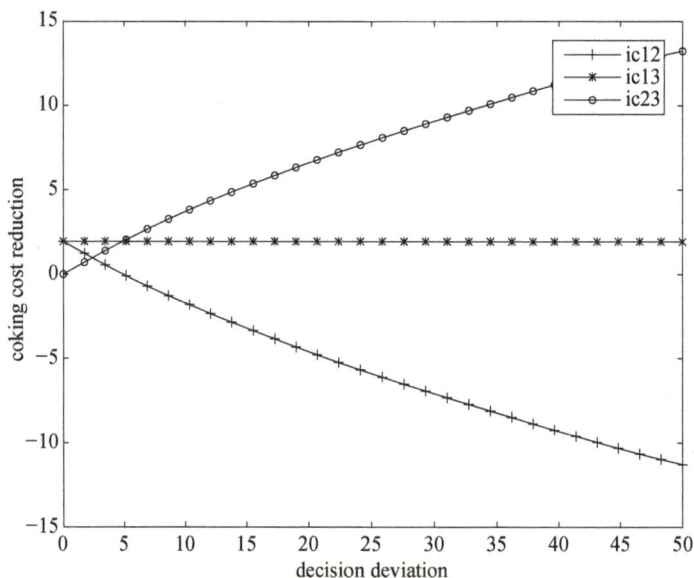

图 5 – 6　决策偏差的波动对焦煤生产企业库存成本的影响

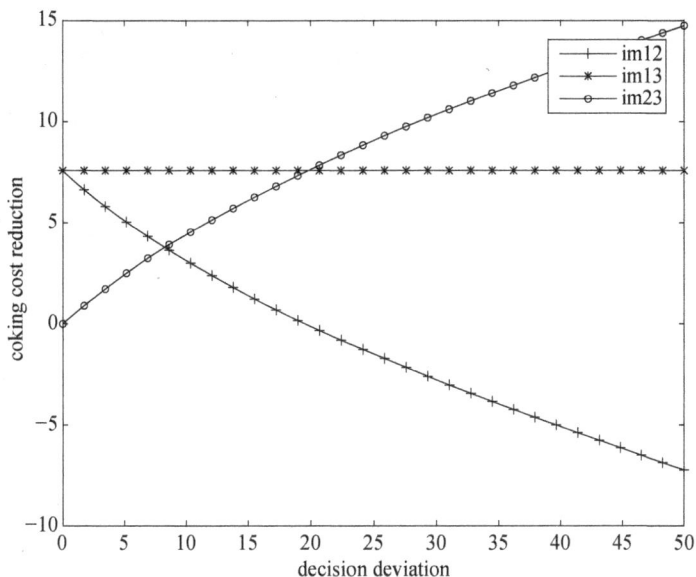

图5-7 决策偏差的波动对煤炭企业库存持有成本的影响

5.5 本章小结

本章以煤炭企业、焦煤生产企业、钢铁企业建立了三级煤炭供应链模型，同时从无信息共享、部分信息共享到完全信息共享三种情形入手，通过理论研究分析了决策偏差、煤炭需求相关程度、提前期、需求波动等因素对于三级煤炭供应链中煤炭企业、焦煤生产企业平均库存水平的影响，进而分析三级煤炭供应链信息共享的价值。

通过分析发现焦煤生产企业平均库存水平与煤炭需求与前一期煤炭需求的相关性有关，相关性越小，部分信息共享情形相比于无信息共享情形的价值越小。

部分信息共享情形和完全信息共享情形对比时，焦煤生产企业的平均库存水平的降低幅度和提前期、决策偏差的波动相关，提前期越长，焦煤生产企业的平均库存水平降低幅度越大。决策偏差波动越大，焦煤生产企业的平均库存水平降低幅度越大。

无信息共享情形与部分信息共享情形对比时，煤炭企业的平均库存水平降低幅度与煤炭需求的相关程度和煤炭需求的波动相关，即当煤炭需求与前一期煤炭需求的相关程度越小，部分信息共享收益越不显著。

无信息共享情形和完全信息共享情形对比时，煤炭企业的平均库存水平的降低程度和煤炭需求的相关程度、煤炭需求波动、提前期、决策偏差相关。煤炭需求的相关程度越大，煤炭企业的平均库存水平降低幅度越大，煤炭企业的平均库存水平随着提前期的增长而增加；决策偏差的波动越大，煤炭企业的平均库存水平降低幅度越大。

部分信息共享情形和完全信息共享情形对比时，煤炭企业的平均库存水平的降低幅度和煤炭需求的相关程度、煤炭需求的波动、提前期、决策偏差相关。提前期越长煤炭企业的平均库存水平降低幅度越大；决策偏差的波动越大，煤炭企业的平均库存水平降低幅度越大。

6 煤炭供应链信息共享效率评价

效率一词最早是由美国管理学家从工程领域引入到管理领域，用来评价企业的经营管理活动和描述人们行为的合理性。刘雪峰和霍明奎对信息利用效率分别从信息自身的质量、信息传递的效率以及信息使用的效率等几个角度进行了研究[127]，还有学者从信息成本和收益的角度评价信息资源使用的效率，但是对于信息共享效率的研究还不多。供应链信息共享是指供应链上下游之间的市场需求信息、库存水平信息、成本信息、生产计划信息等信息的共享。煤炭企业与煤炭需求企业之间通过共享需求信息降低库存水平，提高煤炭企业的盈利能力，促进整条煤炭供应链管理水平的提高。实践中的信息共享与理论研究结果存在一定的差别。信息共享的效率受到信息共享的技术、共享企业的信息化水平、信息共享的意愿、信息共享的环境等多种因素的影响而产生差异，从信息生态学的角度考虑，信息共享的效率除了受到信息共享的技术影响之外，信息人和信息环境也是影响信息共享效率的关键要素，本章就从信息生态学的角度建立煤炭供应链信息共享效率评价指标体系。

本章主要的研究内容是：首先给出煤炭供应链信息共享效率的定义。其次，建立煤炭供应链信息共享效率评价的指标体系。最后，采用模糊 DEA 方法对煤炭供应链信息共享效率进行评价。

6.1　煤炭供应链信息共享效率内涵

对于信息共享的效率，刘雪峰和霍明奎认为供应链信息资源利用效率是指信息的网络扩散能力，单位时间内供应链上下游成员信息接收与发送状态的变化率。[127]霍明奎等将供应链信息生态链的信息传递效率定义为信息主体之间信息传递活动的投入与产出之比，主要体现在速度、质量、安全、成本和信息的价值等几个方面。[141]以上的学者从供应链信息传递效率和信息资源利用效率的角度给出了定义，本书认为供应链信息共享效率定义既包含供应链信息，也包含供应链信息的利用，因此关于供应链信息共享效率的含义综合了上述学者的观点。

本书认为供应链信息共享效率是指供应链各节点企业在信息共享的过程中，各项投入与信息共享产出的比率关系。该定义是从管理学的角度给出的定义，参照了效率的管理学含义。煤炭供应链信息共享效率是指煤炭供应链上各节点企业为了实现信息共享投入的人力、资金、技术等与煤炭信息共享产出的比率。

6.2　煤炭供应链信息共享效率指标

本书从信息生态学的角度研究供应链信息共享的效率。信息生态学理论认为信息生态是信息、人、信息环境之间关系的总和[146]。信息生态中的环境指人类信息生态系统中，人类与社会组织周围一切信息交流的要素的总和，包括人与社会组织、各种信息资源、各种信息技术和社会信息基础设施、信息法律政策与伦理、信息文化等。供应链是由相互之间存在依赖关系的企业构成的系统，从信息生态学的角度研究供应链信息共享，本书认为供应链信息共享生态系统由供应链上的各节点企业、相关人员、供应链共享的各类信息以及供应链信息共享环境构成。煤炭供应链信息共享效率评价，主要从煤炭供应链企业与人员、煤炭供应链共享的信息类型及煤炭供应链信息共享环境三个角度进行评价，以三要素为出发点，建立煤炭供应链信息共享效率评价指标。

从信息生态学三要素的角度进行考虑，本书的评价指标参考了刘雪峰和霍明奎等的指标体系设计。[142]煤炭供应链信息共享效率评价，以煤炭供应链共享信息的标准化程度、信息传递的意愿、信息传递的能力、信息接收意愿、信息接收能力、信息势差、信息产出率水平、延迟供货的变动、提前期的变动和煤炭供应链节点企业人员信息素养等为指标进行效率评价，具体的指标设计见表6-1。下面分别对各指标进行详细的介绍。

1. 煤炭供应链节点企业人员信息素养

煤炭供应链节点企业人员信息素养，用于衡量煤炭供应链上各企业进行信息共享时，所涉及的所有相关人员的信息素养，包括文化素养、信息意识和信息技能三个方面。该指标又分为三个二级指标，分别是煤炭供应链节点企业人员文化素养、煤炭供应链节点企业人员的信息意识和煤炭供应链节点企业人员信息技能。

2. 煤炭供应链共享信息的标准化程度

煤炭供应链共享信息的标准化程度用于衡量煤炭供应链共享信息的格式是否具有统一的标准化定义，信息共享后是否需要格式转换才能使用等。

3. 信息传递的意愿

信息传递的意愿用于衡量煤炭供应链下游企业是否愿意将信息传递给上游企业共享，以及从企业的管理层到基层的员工对于信息传递的态度。

4. 信息传递的能力

信息传递的能力用于衡量煤炭供应链节点企业信息传递的能力，从基础设施建设、信息系统建设情况两方面考虑，该指标包括两个二级指标，分别为企业间信息传递的基础设施建设水平和企业的信息系统建设水平。

表6-1 煤炭供应链信息共享效率评价指标

指标名称	指标含义
煤炭供应链节点企业人员信息素养	具体衡量煤炭企业、煤炭需求企业等节点企业的人员信息素养

指标名称	指标含义
煤炭供应链共享信息的标准化程度	煤炭供应链共享的信息的标准化程度,是否需要格式转换等
信息传递的意愿	煤炭供应链节点企业信息传递的意愿
信息传递的能力	煤炭供应链节点企业信息传递的基础设施建设、信息系统建设情况
信息接收的意愿	煤炭供应链节点企业信息接收的意愿
信息接收的能力	煤炭供应链节点企业信息接收的基础设施建设、信息接收后的信息处理水平
信息势差	煤炭供应链节点企业在共享信息内容和共享信息结构上具有的差异
信息产出率水平	煤炭企业信息共享后库存水平下降幅度
延迟供货的变动	煤炭供应链信息共享后延迟供货变动幅度
提前期的变动	煤炭供应链信息共享后提前期的变动

5. 信息接收的意愿

信息接收意愿用于衡量煤炭供应链上信息共享的节点企业是否愿意接收共享企业传递来的信息,从企业的管理层到基层的员工对于信息接收的态度。

6. 信息接收的能力

信息接收的能力用于衡量煤炭供应链节点企业信息接收的能力,分别从信息接收的基础设施建设、企业接收信息后的信息处理水平两方面考虑,该指标包括两个二级指标;分别为企业间信息接收的基础设施建设水平和企业接收信息后的信息处理水平。

7. 信息势差

信息势差用于衡量煤炭供应链上节点企业在共享信息内容和共享信息结构方面的差异。

8. 信息产出率水平

信息产出率水平用于衡量煤炭供应链信息共享带来的收益,本书中信息产出率水平用煤炭企业信息共享后库存水平下降幅度来表示。

9. 延迟供货的变动

延迟供货的变动用于衡量煤炭供应链信息共享后延迟供货变动幅度。

10. 提前期的变动

提前期的变动用于衡量煤炭供应链信息共享后提前期的变动情况。

6.3 煤炭供应链信息共享模糊评价指标体系

6.3.1 模糊 DEA 评价指标体系构建原则

建立模糊 DEA 评价指标体系，除了考虑评价指标体系设计的一般原则以外，还要遵循模糊 DEA 方法对指标体系的要求，遵循以下基本原则。

1. 目的性原则

评价指标的选择要服务、服从于评价目的，即必须针对具体的评价目标选取相关的指标，并舍弃与评价目标无关的或关系不大的指标。

2. 全面性原则

评价指标要尽可能真实地反映决策单元与评价目的有关的各个侧面的情况，全面反映评价目的。如果有遗漏，评价就会出现偏差。

3. 精简性原则

各评价指标应分别反映研究对象的不同性质，相互之间避免有较强的线性关系，以尽量精简。在 DEA 方法中，决策单元的有效性系数会随着指标数量的增多而变大，指标多到一定程度就会使每一个决策单元的有效性系数都较大，甚至普遍接近于1，这不利于从有效性系数中提取决策单元的差异值。一般来说，决策单元的个数以不少于投入、产出指标总数的二倍为宜。所以在建立评价指标体系时，要在保证实现评价目的的前提下，参考决策单元的数量选择能反映系统本质特性的尽可能简练的指标。

4. 可比性原则

所构造的评价指标体系对每一个评价对象都是公平的、可比的。对部分评价对象带有明显倾向性的指标将严重损害评价结论的科学性和客观性。

5. 准确性原则

评价指标的定义应清晰准确，范围清楚。

6. 可操作性原则

可操作性原则也称为可行性原则，评价指标应能通过一定的方法进行测量或通过可靠的手段进行预测，无法评测的指标是没有意义的。

DEA 评价中确定一项指标为投入指标还是产出指标的原则，由于系统的复杂性，在确定被评价对象的投入和产出时，有些指标是属于投入指标还是产出指标，有时并不明显，而是比较模糊。一般来说，DEA 评价中，根据效率比的原则，投入应越小越好，产出应越大越好。因此，遇到难以确定评价指标性质时，将越大越好的正向性指标作为产出指标，而把越小越好的负向性指标作为投入指标。

根据煤炭供应链信息共享评价的分析以及 DEA 指标体系构建的基本原则，下面建立煤炭供应链信息共享模糊 DEA 评价指标体系。

6.3.2 基于模糊 DEA 的煤炭供应链信息共享效率评价指标体系

根据煤炭供应链信息共享效率评价及 DEA 指标体系构建的原则，从投入指标和产出指标建立基于模糊 DEA 的煤炭供应链信息共享效率评价指标体系。

1. 投入指标

煤炭供应链信息共享的投入从人员、环境和信息三个角度研究，分别包括煤炭供应链节点企业人员信息素养（I_1），煤炭供应链共享信息的标准化程度（I_2），煤炭供应链信息传递、接收的意愿（I_3），煤炭供应链信息传递、接收的能力（I_4）、煤炭供应链传递信息的信息势差（I_5）等。

2. 产出指标

通过第 4 章、第 5 章的研究，煤炭供应链信息共享可以降低库存、缩短提前期、减少延迟供货等，因此煤炭供应链信息共享的产出可通过煤炭供应链信息产出率水平（O_1）、煤炭供应链延迟供货的变动（O_2）和煤炭供应链提前期的变动（O_3）指标来衡量。

根据上述的分析，建立煤炭供应链信息共享效率模糊 DEA 评价指标体系，如图 6-1 所示。

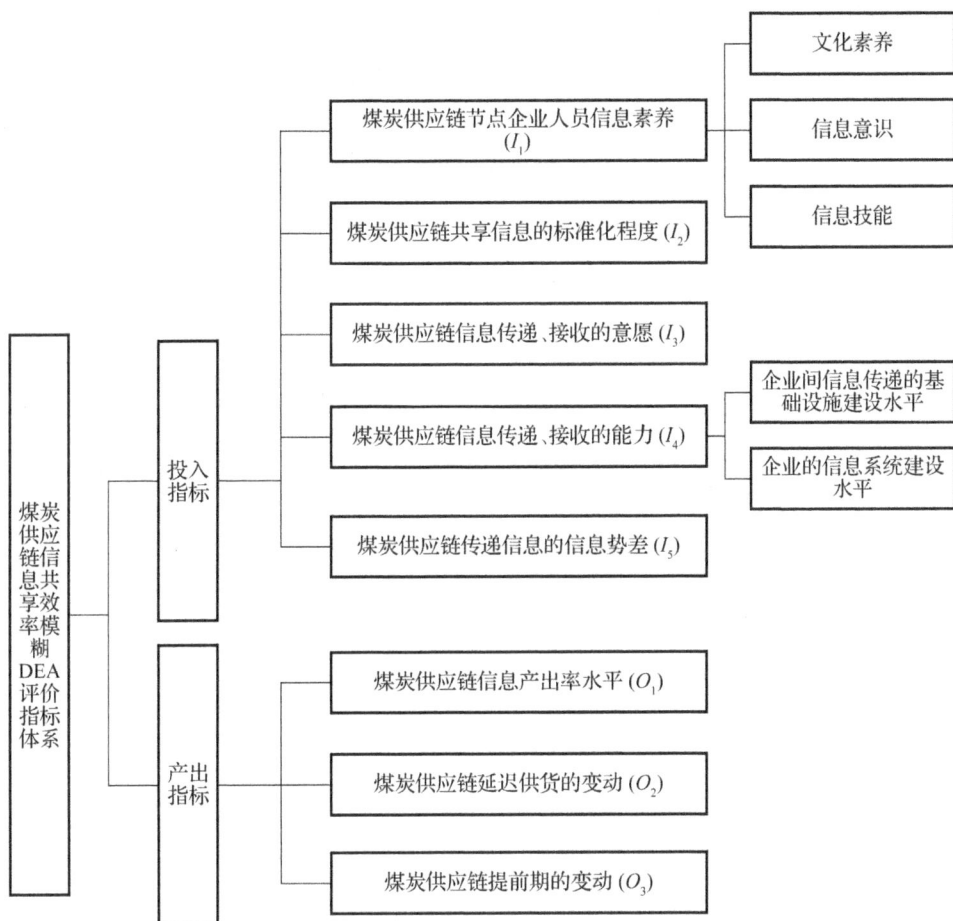

图 6-1 煤炭供应链信息共享效率模糊 DEA 评价指标体系

6.4 模糊 DEA 评价模型

数据包络分析模型（DEA）可以进行多投入多产出的相对有效性评价，目前使用的 DEA 模型包括 CCR 模型、BCC 模型、成本效率模型以及 Malmquist 指数等[147]。确定型 DEA 评价时要求数据为精确数值，对于一些主观性较强的指标进行综合评价时，确定型 DEA 评价很难评价，自 1978 年 A. Charnes 和 W. W. Cooper 首次提出模糊数据包络分析方法以来，模糊数据包络分析能够很好地解决主观数据的效率评价。

下面分别建立上述评价指标的模糊隶属度函数。

1. 煤炭供应链节点企业人员信息素养（I_1）的隶属度函数

I_1 包括三个二级指标，分别为文化素养 x_1（0.2）、信息意识 x_2（0.4）和信息技能 x_3（0.4），三个二级指标的权重分别为 0.2，0.4，0.4。信息意识 x_2 通过企业的信息化投入来体现，文化素养 x_1 和信息技能 x_3 的隶属度函数定义如下：

$$\mu(I_1) = \begin{cases} 0, & I_1 < 1 \\ \dfrac{I_1}{4-1}, & 1 \leqslant I_1 < 1.18 \\ 1, & I_1 \geqslant 1.18 \end{cases}$$

$$\mu(x_1) = \begin{cases} 0, & x_1 < 1 \\ \dfrac{x_1 - 0.5}{4-1}, & 1 \leqslant x_1 < 4 \\ 1, & x_1 \geqslant 4 \end{cases}$$

$$\mu(x_2) = \begin{cases} 0, & x_2 < 1 \\ \dfrac{x_2 - 0.5}{10-1}, & 1 \leqslant x_2 < 20 \\ 1, & x_2 \geqslant 20 \end{cases}$$

$$\mu(x_3) = \begin{cases} 1, & x_3 < 1 \\ 1 - \dfrac{x_3 - 1}{6-1}, & 1 \leqslant x_3 < 6 \\ 0, & x_3 \geqslant 6 \end{cases}$$

2. 煤炭供应链共享信息的标准化程度（I_2）

$$\mu(I_2) = \begin{cases} 1, & I_2 < 1 \\ 1 - \dfrac{I_2 - 1}{3 - 1}, & 1 \leqslant I_2 < 3 \\ 0, & I_2 \geqslant 3 \end{cases}$$

3. 煤炭供应链信息传递、接收的意愿（I_3）

$$\mu(I_3) = \begin{cases} 1, & I_3 < 1 \\ 1 - \dfrac{I_3 - 1}{5 - 1}, & 1 \leqslant I_3 < 5 \\ 0, & I_3 \geqslant 5 \end{cases}$$

4. 煤炭供应链信息传递、接收的能力（I_4）

$$\mu(I_4) = \begin{cases} 0, & I_4 < 1 \\ 1 - \dfrac{I_4 - 0.5}{2 - 1}, & 1 \leqslant I_4 < 2 \\ 1, & I_4 \geqslant 2 \end{cases}$$

5. 煤炭供应链传递信息的信息势差（I_5）

$$\mu(I_5) = \begin{cases} 1, & I_5 < 1 \\ 1 - \dfrac{I_5 - 1}{5 - 1}, & 1 \leqslant I_5 < 5 \\ 0, & I_5 \geqslant 5 \end{cases}$$

上述的隶属度函数定义，信息素养的隶属度函数通过三个二级指标分别加权后得出。文化素养的隶属度函数通过学历水平来衡量，信息意识的隶属度函数通过信息化投入来衡量，信息技能的隶属度函数通过五分制评分来衡量。共享信息标准化程度隶属度函数通过是否有专有的信息系统、通道接口来衡量。信息传递、接收的意愿的隶属度函数通过五分制评分来衡量，信息传递、接收的能力隶属度函数通过五分制评分来衡量，煤炭供应链传递信息的信息势差隶属度函数通过五分制评分来衡量。

6.5 煤炭供应链信息共享效率评价

信息共享主要是上游企业获益，本研究通过问卷调查收集了 7 条煤炭供应链，每条供应链收集五六份问卷，数据通过标准化处理，按照模糊 DEA 煤炭供应链信息共享效率评价模型，得到如下的各项指标，其中，投入指标的含义如下。

I_1：煤炭供应链节点企业人员信息素养。

I_2：煤炭供应链共享信息的标准化程度。

I_3：煤炭供应链信息传递、接收的意愿。

I_4：煤炭供应链信息传递、接收的能力。

I_5：煤炭供应链传递信息的信息势差。

产出指标的含义如下。

O_1：煤炭供应链信息产出率水平。

O_2：煤炭供应链延迟供货的变动。

O_3：煤炭供应链提前期的变动。

7 条供应链分别用 CSC11，CSC12，…，CSC17 表示，I_1，I_2，I_3，I_4，I_5 为模糊函数的隶属度，O_1，O_2，O_3 为线性比例标准化处理的结果。

表 6-2 煤炭供应链信息共享效率评价投入产出数据

供应链	投入指标					产出指标		
	I_1	I_2	I_3	I_4	I_5	O_1	O_2	O_3
CSC11	0.26	0.38	0.94	0.5	0.42	22.22	11.25	26.56
CSC12	0.17	0.25	0.56	1	0.58	12.5	21.25	35.94
CSC13	0.31	1	0.81	0.5	0.58	23.61	21.25	39.06
CSC14	0.22	0.94	0.75	0.9	0.67	68.89	64	47.5
CSC15	0.13	0.63	0.81	1	0.08	13.89	11.25	26.56
CSC16	0.18	0.75	0.81	0.5	0.67	55.56	42.5	78.13
CSC17	0.31	0.58	0.63	0.92	0.83	19.44	21.67	19.79

煤炭供应链信息共享效率采用模糊 CCR 模型进行评价，根据取截集的方法，在置信水平 α 下的极大值规划为

$\min \theta$ s.t. $\quad 0.2\,\tilde{6}^{R}_{\alpha}\lambda_1 + 0.1\,\tilde{7}^{L}_{\alpha}\lambda_2 + 0.3\,\tilde{1}^{L}_{\alpha}\lambda_3 + 0.2\,\tilde{2}^{L}_{\alpha}\lambda_4 + 0.1\,\tilde{3}^{L}_{\alpha}\lambda_5 +$

$\quad 0.1\,\tilde{8}^{L}_{\alpha}\lambda_6 + 0.3\,\tilde{1}^{L}_{\alpha}\lambda_7 \leqslant 0.2\,\tilde{6}^{R}_{\alpha}\theta$

$\quad 0.3\,\tilde{8}^{R}_{\alpha}\lambda_1 + 0.2\,\tilde{5}^{L}_{\alpha}\lambda_2 + \tilde{1}^{L}_{\alpha}\lambda_3 + 0.9\,\tilde{4}^{L}_{\alpha}\lambda_4 + 0.6\,\tilde{3}^{L}_{\alpha}\lambda_5 +$

$\quad 0.7\,\tilde{5}^{L}_{\alpha}\lambda_6 + 0.5\,\tilde{8}^{L}_{\alpha}\lambda_7 \leqslant 0.3\,\tilde{8}^{R}_{\alpha}\theta$

$\quad 0.9\,\tilde{4}^{R}_{\alpha}\lambda_1 + 0.5\,\tilde{6}^{L}_{\alpha}\lambda_2 + 0.8\,\tilde{1}^{L}_{\alpha}\lambda_3 + 0.7\,\tilde{5}^{L}_{\alpha}\lambda_4 + 0.8\,\tilde{1}^{L}_{\alpha}\lambda_5 +$

$\quad 0.8\,\tilde{1}^{L}_{\alpha}\lambda_6 + 0.6\,\tilde{3}^{L}_{\alpha}\lambda_7 \leqslant 0.9\,\tilde{4}^{R}_{\alpha}\theta$

$\quad 0.\tilde{5}^{R}_{\alpha}\lambda_1 + \tilde{1}^{L}_{\alpha}\lambda_2 + 0.\tilde{5}^{L}_{\alpha}\lambda_3 + 0.\tilde{9}^{L}_{\alpha}\lambda_4 + \tilde{1}^{L}_{\alpha}\lambda_5 + 0.\tilde{5}^{L}_{\alpha}\lambda_6 +$

$\quad 0.9\,\tilde{2}^{L}_{\alpha}\lambda_7 \leqslant 0.\tilde{5}^{R}_{\alpha}\theta$

$\quad 0.4\,\tilde{2}^{R}_{\alpha}\lambda_1 + 0.5\,\tilde{8}^{L}_{\alpha}\lambda_2 + 0.5\,\tilde{8}^{L}_{\alpha}\lambda_3 + 0.6\,\tilde{7}^{L}_{\alpha}\lambda_4 + 0.0\,\tilde{8}^{L}_{\alpha}\lambda_5 +$

$\quad 0.6\,\tilde{7}^{L}_{\alpha}\lambda_6 + 0.8\,\tilde{3}^{L}_{\alpha}\lambda_7 \leqslant 0.4\,\tilde{2}^{R}_{\alpha}\theta$

$\quad 22.22\lambda_1 + 12.5\lambda_2 + 23.61\lambda_3 + 68.89\lambda_4 + 13.89\lambda_5 + 55.56\lambda_6 +$

$\quad 19.44\lambda_7 \geqslant 22.22$

$\quad 11.25\lambda_1 + 21.25\lambda_2 + 21.25\lambda_3 + 64\lambda_4 + 11.25\lambda_5 + 42.5\lambda_6 +$

$\quad 21.67\lambda_7 \geqslant 11.25$

$\quad 26.56\lambda_1 + 35.94\lambda_2 + 39.06\lambda_3 + 47.5\lambda_4 + 26.56\lambda_5 + 78.13\lambda_6$

$\quad + 19.79\lambda_7 \geqslant 26.56$

$\quad \lambda_j > 0, \ j = 1, \cdots, 7$ $\hspace{3cm}$ (6-1)

置信水平 α 下的极小值规划为

$\min \theta$ s.t. $\quad 0.2\,\tilde{6}^{L}_{\alpha}\lambda_1 + 0.1\,\tilde{7}^{R}_{\alpha}\lambda_2 + 0.3\,\tilde{1}^{R}_{\alpha}\lambda_3 + 0.2\,\tilde{2}^{R}_{\alpha}\lambda_4 + 0.1\,\tilde{3}^{R}_{\alpha}\lambda_5 +$

$\quad 0.1\,\tilde{8}^{R}_{\alpha}\lambda_6 + 0.3\,\tilde{1}^{R}_{\alpha}\lambda_7 \leqslant 0.2\,\tilde{6}^{L}_{\alpha}\theta$

$\quad 0.3\,\tilde{8}^{L}_{\alpha}\lambda_1 + 0.2\,\tilde{5}^{R}_{\alpha}\lambda_2 + \tilde{1}^{R}_{\alpha}\lambda_3 + 0.9\,\tilde{4}^{R}_{\alpha}\lambda_4 + 0.6\,\tilde{3}^{R}_{\alpha}\lambda_5 +$

$$0.75\,\tilde{5}^R_\alpha\lambda_6 + 0.58\,\tilde{8}^R_\alpha\lambda_7 \leqslant 0.38\,\tilde{8}^L_\alpha\theta$$

$$0.94\,\tilde{4}^L_\alpha\lambda_1 + 0.56\,\tilde{6}^R_\alpha\lambda_2 + 0.81\,\tilde{1}^R_\alpha\lambda_3 + 0.75\,\tilde{5}^R_\alpha\lambda_4 + 0.81\,\tilde{1}^R_\alpha\lambda_5 +$$

$$0.81\,\tilde{1}^R_\alpha\lambda_6 + 0.63\,\tilde{3}^R_\alpha\lambda_7 \leqslant 0.94\,\tilde{4}^L_\alpha\theta$$

$$0.\,\tilde{5}^L_\alpha\lambda_1 + \tilde{1}^R_\alpha\lambda_2 + 0.\,\tilde{5}^R_\alpha\lambda_3 + 0.\,\tilde{9}^R_\alpha\lambda_4 + \tilde{1}^R_\alpha\lambda_5 + 0.\,\tilde{5}^R_\alpha\lambda_6 +$$

$$0.92\,\tilde{2}^R_\alpha\lambda_7 \leqslant 0.\,\tilde{5}^L_\alpha\theta$$

$$0.42\,\tilde{2}^L_\alpha\lambda_1 + 0.58\,\tilde{8}^R_\alpha\lambda_2 + 0.58\,\tilde{8}^R_\alpha\lambda_3 + 0.67\,\tilde{7}^R_\alpha\lambda_4 + 0.08\,\tilde{8}^R_\alpha\lambda_5 +$$

$$0.67\,\tilde{7}^R_\alpha\lambda_6 + 0.83\,\tilde{3}^R_\alpha\lambda_7 \leqslant 0.42\,\tilde{2}^L_\alpha\theta$$

$$22.22\lambda_1 + 12.5\lambda_2 + 23.61\lambda_3 + 68.89\lambda_4 + 13.89\lambda_5 + 55.56\lambda_6 +$$

$$19.44\lambda_7 \geqslant 22.22$$

$$11.25\lambda_1 + 21.25\lambda_2 + 21.25\lambda_3 + 64\lambda_4 + 11.25\lambda_5 + 42.5\lambda_6 +$$

$$21.67\lambda_7 \geqslant 11.25$$

$$26.56\lambda_1 + 35.94\lambda_2 + 39.06\lambda_3 + 47.5\lambda_4 + 26.56\lambda_5 + 78.13\lambda_6 +$$

$$19.79\lambda_7 \geqslant 26.56$$

$$\lambda_j > 0, \quad j = 1,\cdots,7 \tag{6-2}$$

同理，可以给出 CSC12，CSC13，…，CSC17 的模糊 DEA 评价模型及其在置信水平 α 下的极大值规划和极小值规划。

从表 6-3 计算结果中可以看出，CSC11、CSC12、CSC13 在任意置信水平下乐观模糊 DEA 有效，CSC14 在置信水平为 1 时悲观模糊 DEA 有效，任意置信水平下乐观模糊 DEA 有效、CSC15 在任意置信水平下乐观模糊 DEA 有效，CSC16 分别在置信水平为 0 和 1 时悲观模糊 DEA 有效，在任意置信水平下乐观模糊 DEA 有效，CSC17 在置信水平接近 0 时悲观模糊 DEA 有效，在任意置信水平下乐观模糊 DEA 有效。

表 6-3　一定置信水平 α 下的有效区间和平均置信

供应链	上下界	置信水平 α						平均置信
		0	0.2	0.4	0.6	0.8	1	
CSC11	L	0	0.056 5	0.116 4	0.176 3	0.236 3	0.296 1	0.61
	U	1	1	1	1	1	1	
CSC12	L	0.470 0	0.069 4	0.146 2	0.222 9	0.299 7	0.376 3	0.64
	U	1	1	1	1	1	1	
CSC13	L	0	0.078 8	0.159 8	0.240 7	0.321 7	0.402 5	0.65
	U	1	1	1	1	1	1	
CSC14	L	0	0.201 4	0.445 0	0.688 9	0.932 6	1	0.87
	U	1	1	1	1	1	1	
CSC15	L	0	0.050 9	0.105 9	0.161 0	0.223 5	0.270 9	0.60
	U	1	1	1	1	1	1	
CSC16	L	1	0.204 8	0.450 5	0.696 3	0.942 1	1	0.90
	U	1	1	1	1	1	1	
CSC17	L	1	0.058 9	0.119 2	0.179 6	0.239 9	0.300 1	0.61
	U	1	1	1	1	1	1	

平均置信有效性按照以下公式计算得到[148]：

$$\bar{\theta} = \frac{\sum\limits_{i=1}^{k} \alpha_i (\theta_{a_i}^{*L} + \theta_{\alpha_i}^{*R})}{2\sum\limits_{i=1}^{k} \alpha_i} \qquad (6-3)$$

式中：α_i——置信水平；

$\theta_{a_i}^{*L}$、$\theta_{a_i}^{*R}$——α_i 置信水平下的极小值规划和极大值规划的最优解；

$\bar{\theta}$——平均置信有效性。

从平均置信有效性看，7 条被评价的煤炭供应链都是非模糊 DEA 有效，按照平均置信有效性大小，对 7 条煤炭供应链的信息共享效率评价排序，可得 CSC16 > CSC14 > CSC13 > CSC12 > CSC11 = CSC17 > CSC15。

6.6　非模糊 DEA 有效的煤炭供应链改进

6.6.1　非模糊 DEA 改进

通过模糊 DEA 有效性判断，大部分煤炭供应链为特定置信水平下有效，所有的供应链平均置信有效性没有达到 1，仍然需要改进，该如何改进是模糊 DEA 比较的目的。接下来分析非模糊 DEA 有效的决策单元如何改进，本书采用黄朝峰的模糊 DEA 基于投入的改进方法[148]。

非模糊 DEA 有效性改进与决策者的风险偏好有关，

$$D_A = D_A^{\min} + \beta(D_A^{\max} - D_A^{\min}), \beta \in [0,1] \tag{6-4}$$

式中：D_A ——决策单元改进的幅度；

$\quad D_A^{\min}$ ——决策单元与最小有效前沿的最小距离，与 α 置信水平下的极大值规划对应；

$\quad D_A^{\max}$ ——决策单元与最大有效前沿的最大距离，与 α 置信水平下的极小值规划对应；

$\quad \beta$ ——决策者的风险系数。

当 $\beta = 0$ 时，表明决策者最乐观，认为自身状态最优而其他单元状态最劣；当 $\beta = 1$ 时，表明决策者最悲观，认为自身状态最劣而其他单元状态最优。

定理 6-1　设 DMU_0 为 (X_0, Y_0)，则由规划最优解 $\theta^*, \lambda^*, S^{-*}, S^{+*}$ 构成的新决策单元 $(\bar{X}_0, \bar{Y}_0)$：

$$\bar{X}_0 = X_0 \cdot \theta^* - S^{-*}$$

$$\bar{Y}_0 = Y_0 + S^{+*} \tag{6-5}$$

相对于原来的 n 个决策单元来说是确定性 DEA 有效（CCR）[148]。

推论 6-1　设 DMU_0 为 $(\bar{X}_0, \bar{Y}_0)$，在 α 置信水平下的极大值规划的最优解为 $(\theta^*)_\alpha^R, (\lambda^*)_\alpha^R, (S^{-*})_\alpha^R, (S^{+*})_\alpha^R$，则由

$$X_0 = X_{0\alpha}^L \cdot (\theta^*)_{\alpha}^R - (S^{-*})_{\alpha}^R$$
$$Y_0 = Y_{0\alpha}^R + (S^{+*})_{\alpha}^R \qquad (6-6)$$

构成的新决策单元(X_0, Y_0)相对于原来的n个决策单元为α置信水平下的乐观模糊 DEA 有效（CCR）[148]。

推论 6 - 2 设 DMU_0 为 $(\bar{X}_0, \bar{Y}_0)$，在 α 置信水平下的极小值规划的最优解为 $(\theta^*)_{\alpha}^L, (\lambda^*)_{\alpha}^L, (S^{-*})_{\alpha}^L, (S^{+*})_{\alpha}^L$，则由

$$X_0 = X_{0\alpha}^R \cdot (\theta^*)_{\alpha}^L - (S^{-*})_{\alpha}^L$$
$$Y_0 = Y_{0\alpha}^L + (S^{+*})_{\alpha}^L \qquad (6-7)$$

构成的新决策单元(X_0, Y_0)相对于原来的n个决策单元为α置信水平下的悲观模糊 DEA 有效（CCR）[148]。

6.6.2 不同置信水平下的改进方案

1. 取置信水平 $\alpha = 0.6$ 时煤炭供应链 1 的改进方案

取置信水平 $\alpha = 0.6$ 时，带入数据求解极大值规划，得到的最优解如表 6 -4所示。

表 6 -4 置信水平 $\alpha = 0.6$ 时极大值规划最优解

供应链	$(\theta^*)_{\alpha}^R$	$(\lambda^*)_{\alpha}^R$	$(S^{-*})_{\alpha}^R$	$(S^{+*})_{\alpha}^R$
CSC11	0. 176 3	(0,0. 21,0,0. 27,0,0,0)	(0,0,0,0,0. 07)	(1. 69,0,0. 56)
CSC12	0. 222 9	(0,0,0,0. 29,0,0. 08,0)	(0,0,0,0,0. 07)	(4. 67,0,0)
CSC13	0. 240 7	(0,0. 21,0,0. 27,0,0,0)	(0,0,0,0,0. 07)	(1. 69,0,0. 56)
CSC14	0. 688 9	(0,0. 008,0,0,0,0. 51,0)	(0,0,0,0,0. 12)	(8. 7,0,20)
CSC15	0. 161 0	(0,0. 21,0,0. 27,0,0,0)	(0,0,0,0,0. 07)	(1. 69,0,0. 56)
CSC16	0. 696 3	(0,0. 21,0,0. 27,0,0,0)	(0,0,0,0,0. 07)	(1. 69,0,0. 56)
CSC17	0. 179 6	(0,0. 13,0,0. 28,0,0. 03,0)	(0. 11,0,0,0. 17,0. 01)	(2. 75,0,0)

取置信水平 $\alpha = 0.6$ 时，带入数据求解极小值规划，得到的最优解如表 6 -5所示。

表 6 – 5　置信水平 $\alpha = 0.6$ 时极小值规划最优解

供应链	$(\theta^*)_\alpha^L$	$(\lambda^*)_\alpha^L$	$(S^{-*})_\alpha^L$	$(S^{+*})_\alpha^L$
CSC11	1	(0,0,0,0.29,0,0.08,0)	(0.02,0,0,0.02,0)	(4.67,0,0)
CSC12	1	(0,0.18,0,0.28,0,0,0)	(0.05,0.04,0.002,0.06,0)	(1.98,0,0)
CSC13	1	(0,0,0,0.29,0,0.08,0)	(0.02,0,0,0.02,0)	(4.67,0,0)
CSC14	1	(0,0,0,0.42,0,0,0)	(0.13,0,0.04,0.21,0.06)	(9.26,4.99,0)
CSC15	1	(0,0,0,0.29,0,0.08,0)	(0.02,0,0,0.02,0)	(4.67,0,0)
CSC16	1	(0,0,0,0,0,0.51,0)	(0.15,0.02,0,0.24,0.04)	(8.89,0,20.1)
CSC17	1	(0,0,0,0,0,0,1)	(0,0,0,0,0)	(0,0,0)

将表 6 – 4 和表 6 – 5 的数据带入公式（6 – 6）和公式（6 – 7），分别计算出各煤炭供应链达到乐观有效和悲观有效的改进幅度，结合决策者的风险态度可以得到各决策单元具体的改进方案。以煤炭供应链 1 为例，置信水平 $\alpha = 0.6$ 时，极大值计算结果如下：

$(\theta^*)_\alpha^R = 0.176\,3$

$(\lambda^*)_\alpha^R = (0,0.21,0,0.27,0,0,0)$

$(S^{-*})_\alpha^R = (0,0,0,0,0.07)$

$(S^{+*})_\alpha^R = (1.69,0,0.56)$

将数据带入公式（6 – 6），可以得到煤炭供应链 1 达到乐观模糊 DEA 有效，投入产出的调整如下。

煤炭供应链节点企业人员信息素养得分下降：$0.556 \times (1 - 0.176\,3) = 0.458$；

煤炭供应链共享信息的标准化程度得分下降：$1 \times (1 - 0.176\,3) = 0.824$；

煤炭供应链信息传递、接收的意愿得分下降：$1 \times (1 - 0.176\,3) = 0.824$；

煤炭供应链信息传递、接收的能力得分下降：$0.7 \times (1 - 0.176\,3) = 0.577$；

煤炭供应链传递信息的信息势差得分下降：$1 \times (1 - 0.176\,3) + 0.07 = 0.894$；

煤炭供应链平均库存的变动得分增加：1.69；

煤炭供应链提前期的变动得分不变；

煤炭供应链延迟供货的变动得分增加：0.56。

以煤炭供应链 1 为例，置信水平 $\alpha = 0.6$ 时，极小值计算结果如下：

$(\theta^*)_\alpha^L = 1$

$(\lambda^*)_\alpha^L = (0,0,0,0.29,0,0.08,0)$

$(S^{-*})_\alpha^L = (0.02,0,0,0.02,0)$

$(S^{+*})_\alpha^L = (4.67,0,0)$

将数据带入公式（6 – 7），可以得到煤炭供应链 1 达到悲观模糊 DEA 有效，投入产出的调整如下。

煤炭供应链节点企业人员信息素养得分下降：0.02；

煤炭供应链共享信息标准化程度得分不变；

煤炭供应链信息传递、接收的意愿得分不变；

煤炭供应链信息传递、接收的能力得分下降：0.02；

煤炭供应链传递信息的信息势差得分不变；

煤炭供应链平均库存的变动得分增加：4.67；

煤炭供应链提前期的变动得分不变；

煤炭供应链延迟供货的变动得分不变。

当决策者为风险中立时，煤炭供应链 1 的改进方案如下：

煤炭供应链企业人员信息素养得分下降：$0.458 + 0.5 \times (0.02 - 0.458) = 0.239$；

煤炭供应链共享信息标准化程度得分下降：$0.823 + 0.5 \times (0 - 0.823) = 0.412$；

煤炭供应链信息传递、接收的意愿得分下降：$0.823 + 0.5 \times (0 - 0.823) = 0.412$；

煤炭供应链信息传递、接收的能力得分下降：$0.577 + 0.5 \times (0 - 0.577)$

=0.289;

煤炭供应链传递信息的信息势差得分下降：$0.894 + 0.5 \times (0 - 0.894)$ =0.447；

煤炭供应链平均库存的变动得分增加：$1.69 + 0.5 \times (4.67 - 1.69)$ =3.18；

煤炭供应链提前期的变动得分不变；

煤炭供应链延迟供货的变动得分增加：$0.56 + 0.5 \times (0 - 0.56) = 0.28$。

2. 置信水平 $\alpha = 0.8$ 时，各煤炭供应链的改进方案

下面分别给出煤炭供应链1到煤炭供应链7，当置信水平 $\alpha = 0.8$ 时，决策者属于风险中立时的改进方案。

取置信水平 $\alpha = 0.8$ 时，带入数据求解极大值规划，得到的最优解如表6-6所示。

表6-6 置信水平 $\alpha = 0.8$ 时极大值规划最优解

供应链	$(\theta^*)_\alpha^R$	$(\lambda^*)_\alpha^R$	$(S^{-*})_\alpha^R$	$(S^{+*})_\alpha^R$
CSC11	0.236 3	(0,0.21,0,0.27,0,0,0)	(0,0,0,0,0.095)	(1.69,0,0.56)
CSC12	0.299 7	(0,0,0,0.29,0,0.08,0)	(0,0,0.05,0,0.17)	(4.67,0,0)
CSC13	0.321 7	(0,0.21,0,0.27,0,0,0)	(0,0,0,0,0.1)	(1.69,0,0.56)
CSC14	0.932 6	(0,0.008,0,0,0,0.51,0)	(0,0,0,0,0.16)	(8.7,0,20.02)
CSC15	0.223 5	(0,0.21,0,0.27,0,0,0)	(0,0,0,0,0.12)	(1.69,0,0.56)
CSC16	0.942 1	(0,0.21,0,0.27,0,0,0)	(0,0,0,0,0.095)	(1.69,0,0.56)
CSC17	0.239 9	(0,0.13,0,0.28,0,0.03,0)	(0.11,0,0,0.23,0.02)	(2.75,0,0)

取置信水平 $\alpha = 0.8$ 时，带入数据求解极小值规划，得到的最优解如表6-7所示。

表 6-7　置信水平 $\alpha = 0.8$ 时极小值规划最优解

供应链	$(\theta^*)_\alpha^L$	$(\lambda^*)_\alpha^L$	$(S^{-*})_\alpha^L$	$(S^{+*})_\alpha^L$
CSC11	1	(0,0,0,0.29,0,0.08,0)	(0.03,0,0,0.03,0)	(4.67,0,0)
CSC12	1	(0,0.18,0,0.28,0,0,0)	(0.06,0.05,0.003,0.08,0)	(1.98,0,0)
CSC13	1	(0,0,0,0.29,0,0.08,0)	(0.03,0,0,0.03,0)	(4.67,0,0)
CSC14	1	(0,0,0,0.29,0,0.08,0)	(0.1,0,0.03,0.22,0.05)	(4.67,0,0)
CSC15	1	(0,0,0,0.29,0,0.08,0)	(0.03,0,0,0.03,0)	(4.67,0,0)
CSC16	1	(0,0,0,0,0,0.51,0)	(0.15,0.02,0,0.31,0.057)	(8.89,0,20.05)
CSC17	1	(0,0,0,0,0,0,1)	(0,0,0,0,0)	(0,0,0)

1）煤炭供应链 1 的改进方案

煤炭供应链节点企业人员信息素养得分下降：1.02。

煤炭供应链共享信息标准化程度得分下降：0.38。

煤炭供应链信息传递、接收的意愿得分下降：0.38。

煤炭供应链信息传递、接收的能力得分下降：0.24。

煤炭供应链传递信息的信息势差得分下降：0.43。

煤炭供应链平均库存的变动得分增加：3.18。

煤炭供应链提前期的变动得分不变。

煤炭供应链延迟供货的变动得分增加：0.28。

2）煤炭供应链 2 的改进方案

煤炭供应链节点企业人员信息素养得分下降：0.15。

煤炭供应链共享信息标准化程度得分下降：0.38。

煤炭供应链信息传递、接收的意愿得分下降：0.38。

煤炭供应链信息传递、接收的能力得分下降：0.39。

煤炭供应链传递信息的信息势差得分下降：0.44。

煤炭供应链平均库存的变动得分增加：3.33。

煤炭供应链提前期的变动得分不变。

煤炭供应链延迟供货的变动得分不变。

3）煤炭供应链 3 的改进方案

煤炭供应链节点企业人员信息素养得分下降：0.17。

煤炭供应链共享信息标准化程度得分下降：0.34。

煤炭供应链信息传递、接收的意愿得分下降：0.34。

煤炭供应链信息传递、接收的能力得分下降：0.22。

煤炭供应链传递信息的信息势差得分下降：0.39。

煤炭供应链平均库存的变动得分增加：3.18。

煤炭供应链提前期的变动得分不变。

煤炭供应链延迟供货的变动得分增加：0.28。

4）煤炭供应链 4 的改进方案

煤炭供应链节点企业人员信息素养得分下降：0.06。

煤炭供应链共享信息标准化程度得分下降：0.04。

煤炭供应链信息传递、接收的意愿得分下降：0.05。

煤炭供应链信息传递、接收的能力得分下降：0.14。

煤炭供应链传递信息的信息势差得分下降：0.14。

煤炭供应链平均库存的变动得分增加：6.69。

煤炭供应链提前期的变动得分不变。

煤炭供应链延迟供货的变动得分增加：10.01。

5）煤炭供应链 5 的改进方案

煤炭供应链节点企业人员信息素养得分下降：0.13。

煤炭供应链共享信息标准化程度得分下降：0.39。

煤炭供应链信息传递、接收的意愿得分下降：0.39。

煤炭供应链信息传递、接收的能力得分下降：0.40。

煤炭供应链传递信息的信息势差得分下降：0.45。

煤炭供应链平均库存的变动得分增加：3.18。

煤炭供应链提前期的变动得分不变。

煤炭供应链延迟供货的变动得分增加：0.28。

6）煤炭供应链 6 的改进方案

煤炭供应链节点企业人员信息素养得分下降：0.08。

煤炭供应链共享信息标准化程度得分下降：0.04。

煤炭供应链信息传递、接收的意愿得分下降：0.03。

煤炭供应链信息传递、接收的能力得分下降：0.17。

煤炭供应链信息的信息势差得分下降：0.10。

煤炭供应链平均库存的变动得分增加：5.29。

煤炭供应链提前期的变动得分不变。

煤炭供应链延迟供货的变动得分增加：10.35。

7）煤炭供应链 7 的改进方案

煤炭供应链节点企业人员信息素养得分下降：0.23。

煤炭供应链共享信息标准化程度得分下降：0.38。

煤炭供应链信息传递、接收的意愿得分下降：0.38。

煤炭供应链信息传递、接收的能力得分下降：0.47。

煤炭供应链传递信息的信息势差得分下降：0.39。

煤炭供应链平均库存的变动得分增加：1.375。

煤炭供应链提前期的变动得分不变。

煤炭供应链延迟供货的变动得分不变。

6.7　基于 Malmquist 指数的信息共享指数

6.6 节分别对 7 条煤炭供应链的信息共享效率进行了评价，发现各煤炭供应链都需要改进，当 7 条煤炭供应链改进后如何进行动态效率评价，此处借鉴 Malmquist 指数的定义，提出信息共享指数评价方法。

Lovell 将构成 CRS 生产可能集（对应于 CCR 模型）的前沿技术称为基准技术，将构成 VRS 生产可能集（对应于 BCC 模型）的前沿技术称为最佳实践技术。[149] Malmquist 指数应当定义在基准技术之上，所以基于 t 和 $t+1$ 期参照

技术的 Malmquist 生产率指数分别为[150]

$$M_t(x^t, y^t, x^{t+1}, y^{t+1}) = \frac{D_C^t(x^{t+1}, y^{t+1})}{D_C^t(x^t, y^t)} \qquad (6-8)$$

相对于第 t 期基准技术，(x^{t+1}, y^{t+1}) 和 (x^t, y^t) 的技术有效性的比值：

$$M_{t+1}(x^t, y^t, x^{t+1}, y^{t+1}) = \frac{D_C^{t+1}(x^{t+1}, y^{t+1})}{D_C^{t+1}(x^t, y^t)} \qquad (6-9)$$

其中，$D_C^t(x^t, y^t)$ 为第 t 期中决策单元 (x^t, y^t) 到第 t 期 CRS 生产前沿面的距离，为 CCR 模型中 $(X_o, Y_o) = (x^t, y^t)$ 时的最优解的倒数（技术效率）[151]。

Malmquist 指数的分解依据 RD 的分解，有

$$M(x^t, y^t, x^{t+1}, y^{t+1})$$

$$= \frac{D_V^{t+1}(x^{t+1}, y^{t+1})}{D_V^t(x^t, y^t)} \cdot \left(\frac{D_V^t(x^t, y^t)}{D_V^{t+1}(x^t, y^t)} \cdot \frac{D_V^t(x^{t+1}, y^{t+1})}{D_V^{t+1}(x^{t+1}, y^{t+1})} \right)^{\frac{1}{2}} \cdot$$

$$\left(\frac{D_C^t(x^{t+1}, y^{t+1})/D_V^t(x^{t+1}, y^{t+1})}{D_C^t(x^t, y^t)/D_V^t(x^t, y^t)} \cdot \frac{D_C^{t+1}(x^{t+1}, y^{t+1})/D_V^{t+1}(x^{t+1}, y^{t+1})}{D_C^{t+1}(x^t, y^t)/D_V^{t+1}(x^t, y^t)} \right)^{\frac{1}{2}}$$

$$= \text{TE}\Delta_{RD} \cdot \text{T}\Delta_{RD} \cdot \text{S}\Delta_{RD} \qquad (6-10)$$

首先，建立煤炭供应链信息共享基于产出的模糊 CCR 模型如下：

$$\theta_{co}^t(\tilde{X}_o^t, Y_o^t) = \max \theta$$

$$\text{s. t.} \begin{cases} \sum_{j=1}^n \tilde{X}_{ij}^t \lambda_j \leqslant \tilde{X}_{io}^t, & i = 1, 2, \cdots, m \\ \sum_{j=1}^n Y_{rj}^t \lambda_j \geqslant \theta Y_{ro}^t, & r = 1, 2, \cdots, s \\ \lambda_j \geqslant 0, & j = 1, 2, \cdots, n \end{cases} \qquad (6-11)$$

其次，建立煤炭供应链信息共享基于产出的模糊 BCC 模型如下：

$$\theta_{vo}^t(\tilde{X}_o^t, Y_o^t) = \max \theta$$

$$\text{s. t.} \begin{cases} \displaystyle\sum_{j=1}^{n} \tilde{X}_{ij}^{t}\lambda_j \leqslant \tilde{X}_{io}^{t}, & i = 1,2,\cdots,m \\[2ex] \displaystyle\sum_{j=1}^{n} Y_{rj}^{t}\lambda_j \geqslant \theta Y_{ro}^{t}, & r = 1,2,\cdots,s \\[2ex] \displaystyle\sum_{j=1}^{n} \lambda_j = 1 \\[2ex] \lambda_j \geqslant 0, & j = 1,2,\cdots,n \end{cases} \quad (6-12)$$

则，第 t 期基于 Malmquist 指数的煤炭供应链信息共享指数定义为

$$\mathrm{MI}_t(\tilde{x}^t,y^t,\tilde{x}^{t+1},y^{t+1}) = \frac{\theta_{co}^t(\tilde{X}_o^t,Y_o^t)}{\theta_{co}^t(\tilde{X}_o^{t+1},Y_o^{t+1})} \qquad (6-13)$$

第 $t+1$ 期基于 Malmquist 指数的煤炭供应链信息共享指数定义为

$$\mathrm{MI}_{t+1}(\tilde{x}^t,y^t,\tilde{x}^{t+1},y^{t+1}) = \frac{\theta_{co}^{t+1}(\tilde{X}_o^t,Y_o^t)}{\theta_{co}^{t+1}(\tilde{X}_o^{t+1},Y_o^{t+1})} \qquad (6-14)$$

煤炭供应链综合信息共享指数为

$$\mathrm{MI}(\tilde{x}^t,y^t,\tilde{x}^{t+1},y^{t+1}) = [\mathrm{MI}_t(\tilde{x}^t,y^t,\tilde{x}^{t+1},y^{t+1}) \cdot \mathrm{MI}_{t+1}(\tilde{x}^t,y^t,\tilde{x}^{t+1},y^{t+1})]^{1/2}$$

$$= \left[\frac{\theta_{co}^t(\tilde{X}_o^t,Y_o^t)}{\theta_{co}^t(\tilde{X}_o^{t+1},Y_o^{t+1})} \times \frac{\theta_{co}^{t+1}(\tilde{X}_o^t,Y_o^t)}{\theta_{co}^{t+1}(\tilde{X}_o^{t+1},Y_o^{t+1})} \right]^{1/2} \qquad (6-15)$$

煤炭供应链综合信息共享指数的分解依据 RD 的分解，有

$$\mathrm{MI}(\tilde{x}^t,y^t,\tilde{x}^{t+1},y^{t+1}) = \frac{\theta_{vo}^t(\tilde{X}_o^t,Y_o^t)}{\theta_{vo}^{t+1}(\tilde{X}_o^{t+1},Y_o^{t+1})} \times \left[\frac{\theta_{vo}^{t+1}(\tilde{X}_o^t,Y_o^t)}{\theta_{vo}^t(\tilde{X}_o^t,Y_o^t)} \times \frac{\theta_{vo}^{t+1}(\tilde{X}_o^{t+1},Y_o^{t+1})}{\theta_{vo}^t(\tilde{X}_o^{t+1},Y_o^{t+1})} \right]^{1/2} \times$$

$$\left[\frac{\theta_{vo}^t(\tilde{X}_o^{t+1},Y_o^{t+1})/\theta_{co}^t(\tilde{X}_o^{t+1},Y_o^{t+1})}{\theta_{vo}^t(\tilde{X}_o^t,Y_o^t)/\theta_{co}^t(\tilde{X}_o^t,Y_o^t)} \times \right.$$

$$\left. \frac{\theta_{vo}^{t+1}(\tilde{X}_o^{t+1},Y_o^{t+1})/\theta_{co}^{t+1}(\tilde{X}_o^{t+1},Y_o^{t+1})}{\theta_{vo}^{t+1}(\tilde{X}_o^t,Y_o^t)/\theta_{co}^{t+1}(\tilde{X}_o^t,Y_o^t)} \right]^{1/2}$$

$$= \mathrm{ITE}\Delta \times \mathrm{IT}\Delta \times \mathrm{S}\Delta$$

式中：ITEΔ ——信息技术效率变动；

ITΔ ——信息技术进步；

SΔ ——规模报酬变动。

分别通过计算 MI、ITEΔ、ITΔ、SΔ，分析煤炭供应链综合信息共享的变

动、煤炭供应链信息技术效率的变动、煤炭供应链信息技术进步引起的变动、煤炭供应链规模报酬引起的变动，对各条煤炭供应链的信息共享进行动态评价。

6.8 数值分析

假定 7 条煤炭供应链第 t 期、第 $t+1$ 期、第 $t+2$ 期的投入产出数据如表 6-8 所示。

表 6-8 7 条煤炭供应链的投入产出数据

供应链 投入产出		CSC11	CSC12	CSC13	CSC14	CSC15	CSC16	CSC17
t 期	O_1	22.22	12.5	23.61	68.89	13.89	55.56	19.44
	O_2	11.25	21.25	21.25	64	11.25	42.5	21.67
	O_3	26.56	35.94	39.06	47.5	26.56	78.13	19.79
	I_1	0.26	0.17	0.31	0.22	0.13	0.18	0.31
	I_2	0.38	0.25	1	0.9	0.63	0.75	0.58
	I_3	0.94	0.56	0.81	0.75	0.81	0.81	0.63
	I_4	0.5	1	0.5	0.9	1	0.5	0.92
	I_5	0.42	0.58	0.58	0.67	0.08	0.67	0.83
$t+1$ 期	O_1	25.67	13.8	25.38	69.21	15.47	59.48	20.36
	O_2	12.64	22.45	21.95	65	12.55	42.9	22.58
	O_3	28.12	35.94	39.86	48.6	27.94	79.42	20.41
	I_1	0.28	0.21	0.4	0.32	0.16	0.16	0.37
	I_2	0.39	0.26	1	0.96	0.69	0.85	0.62
	I_3	0.98	0.67	0.92	0.84	0.89	0.92	0.75
	I_4	0.54	1	0.58	0.92	1	0.57	0.99
	I_5	0.53	0.63	0.62	0.77	0.1	0.72	0.93

供应链 投入产出		CSC11	CSC12	CSC13	CSC14	CSC15	CSC16	CSC17
$t+2$ 期	O_1	25.69	14.80	26.06	69.25	15.49	59.96	25.69
	O_2	13.04	22.57	22.05	65.77	12.98	43.39	13.04
	O_3	28.51	36.04	40.03	49.10	27.98	79.79	28.51
	I_1	0.29	0.23	0.47	0.37	0.19	0.26	0.29
	I_2	0.41	0.28	1.00	0.97	0.68	0.84	0.41
	I_3	0.96	0.63	0.95	0.81	0.79	0.91	0.96
	I_4	0.56	1.00	0.53	0.86	1.00	0.48	0.56
	I_5	0.51	0.64	0.66	0.72	0.15	0.73	0.51

通过计算综合信息共享指数，可以得到第 t 期到第 $t+1$ 期的信息共享效率数据，如表6-9所示。

表6-9 第 t 期到第 $t+1$ 期信息共享效率数据

供应链	总体效率	信息技术效率	信息技术进步	规模效率
1	1.12	0.942	1	1.19
2	0.957	0.957	1	1
3	0.952	0.937	1	1.015
4	0.858	0.858	1	1
5	0.914	0.914	1	1
6	1.032	1.032	1	1
7	0.957	0.952	0.971	1.036

从表6-9可以看出，从第 t 期到第 $t+1$ 期煤炭供应链1、6的信息共享总体效率提高，煤炭供应链2、3、4、5、7的信息共享总体效率降低，只有煤炭供应链6的信息技术效率得到提高，煤炭供应链1、3、7的规模效率得到提高。

第 $t+1$ 期到第 $t+2$ 期的信息共享效率数据如表6-10所示。

表6-10 第 $t+1$ 期到第 $t+2$ 期信息共享效率数据

供应链	总体效率	信息技术效率	信息技术进步	规模效率
1	0.952	1.009	1	0.944
2	0.969	0.969	1	1
3	0.958	1.006	0.974	0.978
4	0.972	0.972	1	1
5	0.791	0.791	1	1
6	0.862	0.862	1	1
7	0.963	1.001	0.983	0.979

从表6-10可以看出，从第 $t+1$ 期到 $t+2$ 期，信息共享总体效率都下降，信息技术效率得到提高的有煤炭供应链1、3、7，其他煤炭供应链的信息技术效率都下降。

以上是模拟数据的分析结果，动态的信息共享效率评价需要收集煤炭供应链的面板数据进行分析。

6.9 本章小结

本章主要介绍了煤炭供应链信息共享效率评价，首先给出了煤炭供应链信息共享效率的内涵，接下来建立了基于模糊 DEA 的煤炭供应链信息共享效率评价指标体系，建立模糊 DEA 模型并对 7 条煤炭供应链进行效率评价，依据效率评价的结果给出了具体的改进措施，最后提出了煤炭供应链信息共享效率动态评价模型。

7 研究结论与未来展望

7.1 研 究 结 论

供应链信息共享的研究已经深入到具体的供应链层面，本书主要研究煤炭供应链信息共享。首先分析了煤炭供应链的特点和常见的煤炭供应链结构，其次研究信息共享演化，分析信息共享成本对煤炭行业信息共享演化的影响。接下来分析影响煤炭供应链信息共享价值的因素，同时给出了不同的影响因素水平下，煤炭供应链信息共享的最优决策。最后对煤炭供应链信息共享的效率进行了评价，采用模糊 DEA 的方法，进行煤炭供应链信息共享效率评价，并对非 DEA 有效的煤炭供应链提出改进的方向，设计了信息共享指数进行动态煤炭供应链信息共享效率评价。下面详细介绍本书的研究结论。

第 3 章分析了煤炭供应链上起信息共享主导作用的煤炭企业信息共享的演化问题，建立了煤炭企业信息共享演化博弈模型，通过演化博弈分析信息共享的成本与煤炭企业生产成本、运输成本、库存成本、竞争对手的信息共享策略等因素之间的关系对演化稳定策略的影响。具体的研究结论如下。

（1）信息共享的成本越高，煤炭企业选择信息共享策略的比例越低，当信息共享的成本超过一定值时，煤炭企业信息共享决策为无信息共享，也就是当信息共享的成本很高时，没有煤炭企业会选择信息共享，系统最终演化为无信息共享状态。

（2）当信息共享的成本能够控制在一定值之内时，整个行业的信息共享决策最终演化为信息共享，即当信息共享的成本降低到一定程度，越来越多的煤炭企业会选择信息共享，最终所有的企业都选择信息共享，达到稳定均衡。

（3）信息共享的成本在 $\underline{C_i} < cn < \bar{C_i}$ 时，系统有两个稳定均衡策略，当初始系统内选择信息共享的比例低于一定比例时，系统朝着无信息共享演化，即行业内信息共享决策演化为无信息共享，当初始状态信息共享的比例高于一定比例时，系统朝着信息共享演化，最终所有的煤炭企业都会选择信息共享。

接下来进一步分析了信息共享后库存成本的变化与生产成本、运输成本等因素之间的变动关系，对煤炭企业信息共享演化的具体影响。

（1）信息共享后若原煤产量增加，商品煤平均库存水平下降，信息共享产生的库存成本的节约低于煤炭生产变动成本的变动与信息共享成本之和时，无信息共享是演化稳定策略，即系统中无信息共享。

（2）信息共享后若原煤产量减少，商品煤平均库存水平下降，信息共享产生的库存成本的节约低于信息共享成本与煤炭生产变动成本的变动之差时，同时信息共享成本超过煤炭生产变动成本，此时无信息共享是演化稳定策略，即此时没有一家煤炭企业会选择信息共享。

（3）信息共享后若原煤产量增加，商品煤平均库存水平下降，信息共享产生的库存成本的节约高于煤炭生产变动成本的变动与信息共享成本之和，此时信息共享是演化稳定策略，即系统演化方向是实现全部的信息共享。

（4）信息共享后若原煤产量减少，商品煤平均库存水平下降，信息共享产生的库存成本的节约高于信息共享成本与煤炭生产变动成本变动之差，此时信息共享是演化稳定策略，即系统演化方向是实现全部的信息共享。

第 4 章研究煤炭供应链在考虑煤炭需求的季节性、决策偏差、提前期等因素的影响时，完全信息共享、部分信息共享和无信息共享情形下煤炭供应链上的库存成本的变动，分析了煤炭供应链信息共享的价值，分别讨论了煤炭企业的信息共享决策。通过对模型分析和数值模拟发现。

（1）煤炭需求与前一期煤炭需求的相关程度、煤炭需求季节相关程度、决策偏差波动、提前期等因素对煤炭供应链信息共享价值均有影响，随着煤炭需求与前一期煤炭需求的相关程度越接近于 1，煤炭供应链信息共享的价值越大；

（2）煤炭需求的季节相关性也会影响到煤炭供应链信息共享价值，煤炭需求季节性只有在特定的条件下才会影响煤炭供应链信息共享价值。据本研究所收集的数据显示，我国煤炭供应链上煤炭需求的季节性对信息共享的价值影响较小；

（3）提前期对煤炭供应链信息共享价值具有影响，提前期越长，信息共享的价值越显著；

（4）最后分析了决策偏差对煤炭供应链信息共享价值的影响，由于实践中企业决策一般不是完全依据数量模型计算得出的最优数量订货，企业决策者还要根据国家能源政策、自身的库存水平和供应链上的批量、价格优惠等外部条件做出适当的调整，该调整就是本书所研究的决策偏差，决策偏差对于煤炭供应链信息共享有影响，通过研究发现精确的决策偏差信息共享对于煤炭供应链是有益的，反之不精确的决策偏差信息共享会对煤炭供应链有害。

第5章以煤炭企业、焦煤生产企业、钢铁企业构成的三级煤炭供应链，研究三级煤炭供应链上需求信息共享，从无信息共享、部分信息共享到完全信息共享三种情形入手，通过理论研究决策偏差、煤炭需求相关程度、提前期、需求波动等因素对于三级煤炭供应链中煤炭企业、焦煤生产企业平均库存水平的影响，分析信息共享的价值。通过研究发现：

（1）焦煤生产企业平均库存水平的降低程度和煤炭需求的相关程度、煤炭需求的波动、提前期、钢铁企业的决策偏差的波动都相关，煤炭需求相关程度越大，焦煤生产企业的平均库存水平降低幅度越大，焦煤生产企业的平均库存水平随着提前期的增长而增加，随着决策偏差的波动增加，焦煤生产企业的平均库存水平降低幅度越大；

（2）煤炭企业平均库存水平的降低程度和煤炭需求的相关程度、煤炭需求波动、提前期、决策偏差相关。煤炭需求的相关程度越大，煤炭企业的平均库存水平降低幅度越大，煤炭企业的平均库存水平降低幅度随着提前期的增长而增加，决策偏差波动越大，煤炭企业的平均库存水平降低幅度越大。

第6章主要研究了煤炭供应链信息共享效率评价，首先给出了煤炭供应链信息共享效率的内涵，接下来建立了基于模糊 DEA 的煤炭供应链信息共享效率评价指标体系，建立模糊 DEA 模型并对实际的煤炭供应链进行效率评价，依据效率评价的结果给出了具体的改进措施，最后提出了煤炭供应链信息共享效率的动态评价模型并给出算例。

7.2　研究不足与未来展望

本书研究了煤炭供应链信息共享主体——煤炭企业的信息共享演化；煤炭供应链信息共享价值及影响因素；煤炭供应链信息共享效率评价，虽然做了一定的工作，但是由于诸多原因以及研究者能力有限，还是存在一些不足之处，可以作为未来的研究方向。

（1）煤炭供应链信息共享价值研究中本书主要考虑了决策偏差、季节性因素、提前期、需求的相关程度等因素的影响，由于实际的煤炭供应链中还有许多其他的因素，如企业的生产能力的约束会对煤炭供应链信息共享产生影响，未来可以研究将其他的因素考虑进去时分析煤炭供应链信息共享价值的变化。

（2）本书仅就单条煤炭供应链信息共享价值进行了研究，未来可以研究两条竞争型的煤炭供应链信息共享价值。

（3）信息共享效率评价给出了动态的煤炭供应链效率评价模型和算例，未来可以结合煤炭供应链的面板数据，具体分析煤炭供应链信息共享的动态效率。

附录 A　第 6 章部分 Matlab 代码

```
function [data_ best, data_ worst, data_ max, data_ min, data_ center,
data_ 1cut] = Tx12 (a_ left, a_ center, a_ right, alpha, data_ type)%
    if a_ left < 0
        'a_ left must greater than 0'
        return;
    end
    if a_ left > a_ center
        'a_ left must greater than a_ center'
        return
    end
      if a_ center > a_ right
        'a_ center must greater than a_ ritht'
        return
      end
    if alpha < 0 | alpha > 1
        'alpha must change from 0 to 1'
        return
    end
    if data_ type ~ = 1 & data_ type ~ = 2
        'data_ type must 1 or 2, 1 represent input data, 2 represent output data'
```

```
        return;

end

data_ 1cut = (a_ center + a_ right) /2;

data_ min = a_ left + alpha * (a_ center - a_ left);

data_ max = a_ right;

data_ center = (a_ right + data_ min) /2;

if data_ type = = 1

        data_ best = data_ min;

        data_ worst = data_ max;

else

    data_ best = data_ max;

    data_ worst = data_ min;

end

end


function [data_ best, data_ worst, data_ max, data_ min, data_ center,
data_ 1cut] = Tx12 (a_ left, a_ center, a_ right, alpha, data_ type)%

    if a_ left < 0

        'a_ left must greater than 0'

        return;

end

if a_ left > a_ center

    'a_ left must greater than a_ center'

    return

end

    if a_ center > a_ right

        'a_ center must greater than a_ ritht'

        return
```

```
    end
if alpha < 0  |  alpha > 1
    'alpha must change from 0 to 1'
    return
end
if data_ type ~ = 1 & data_ type ~ = 2
    'data_ type must 1 or 2, 1 represent input data, 2 represent output data'
    return;
end
data_ 1cut = ( a_ left + a_ center) /2;
data_ min = a_ left;
data_ max = a_ right − alpha * ( a_ right − a_ center);
data_ center = ( a_ left + data_ max) /2;
if data_ type = = 1
        data_ best = data_ min;
        data_ worst = data_ max;
else
    data_ best = data_ max;
    data_ worst = data_ min;
end
end


X = [0    0.336    0.448    0.376    0.304    0.344    0.448
0.304    1    1    1    1    1    1
0.752    1    1    1    1    1    1
0        1    0.6 0.92    1    0.6 0.936
0.336    1    1    1    1    1    1
]; 此处录入决策单元投入数据，每个决策单元以列的形式存放
```

Y = ［22. 22 12. 5 23. 61 68. 89 13. 89 55. 56 19. 44；

　　11. 25 21. 25 21. 25 64 11. 25 42. 5 21. 67；

26. 56 35. 94 39. 06 47. 5 26. 56 78. 13 19. 79］;% 此处录入决策单元投入数据，每个决策单元以列的形式存放

for i = 1：size（X，2)

　　［xl（i），lambda，s_ minus，s_ plus］ = CCR（X，Y，i);

end

附录 B 第6章处理后的数据

7个决策单元各置信水平下截集法处理后的数据

$\alpha = 0$ 信息素养 I_1	1	2	3	4	5	6	7
zbest	0	0	0	0	0	0	0
zcenter	0.5	0.5	0.5	0.5	0.5	0.5	0.5
zcut	0.13	0.085	0.155	0.11	0.065	0.09	0.155
zmax	1	1	1	1	1	1	1
zmin	0	0	0	0	0	0	0
zworst	1	1	1	1	1	1	1
$\alpha = 0.2$							
zbest	0	0	0	0	0	0	0
zcenter	0.426	0.417	0.431	0.422	0.413	0.418	0.431
zcut	0.13	0.085	0.155	0.11	0.065	0.09	0.155
zmax	0.852	0.834	0.862	0.844	0.826	0.836	0.862
zmin	0	0	0	0	0	0	0
zworst	0.852	0.834	0.862	0.844	0.826	0.836	0.862

$\alpha=0$ 信息素养 I_1	1	2	3	4	5	6	7
$\alpha=0.4$							
zbest	0	0	0	0	0	0	0
zcenter	0.352	0.334	0.362	0.344	0.326	0.336	0.362
zcut	0.13	0.085	0.155	0.11	0.065	0.09	0.155
zmax	0.704	0.668	0.724	0.688	0.652	0.672	0.724
zmin	0	0	0	0	0	0	0
zworst	0.704	0.668	0.724	0.688	0.652	0.672	0.724
$\alpha=0.6$							
zbest	0	0	0	0	0	0	0
zcenter	0.278	0.251	0.293	0.266	0.239	0.254	0.293
zcut	0.13	0.085	0.155	0.11	0.065	0.09	0.155
zmax	0.556	0.502	0.586	0.532	0.478	0.508	0.586
zmin	0	0	0	0	0	0	0
zworst	0.556	0.502	0.586	0.532	0.478	0.508	0.586
$\alpha=0.8$							
zbest	0	0	0	0	0	0	0
zcenter	0.204	0.168	0.224	0.188	0.152	0.172	0.224
zcut	0.13	0.085	0.155	0.11	0.065	0.09	0.155
zmax	0.408	0.336	0.448	0.376	0.304	0.344	0.448
zmin	0	0	0	0	0	0	0
zworst	0.408	0.336	0.448	0.376	0.304	0.344	0.448

$\alpha=0$ 信息素养 I_1	1	2	3	4	5	6	7
$\alpha=1$							
zbest	0	0	0	0	0	0	0
zcenter	0.13	0.085	0.155	0.11	0.065	0.09	0.155
zcut	0.13	0.085	0.155	0.11	0.065	0.09	0.155
zmax	0.26	0.17	0.31	0.22	0.13	0.18	0.31
zmin	0	0	0	0	0	0	0
zworst	0.26	0.17	0.31	0.22	0.13	0.18	0.31
$\alpha=0$	标准化程度 I_2						
zbest	0	0	0	0	0	0	0
zcenter	0.5	0.5	0.5	0.5	0.5	0.5	0.5
zcut	0.69	0.625	1	0.95	0.815	0.875	0.79
zmax	1	1	1	1	1	1	1
zmin	0	0	0	0	0	0	0
zworst	1	1	1	1	1	1	1
$\alpha=0.2$							
zbest	0.076	0.05	0.2	0.18	0.126	0.15	0.116
zcenter	0.538	0.525	0.6	0.59	0.563	0.575	0.558
zcut	0.69	0.625	1	0.95	0.815	0.875	0.79
zmax	1	1	1	1	1	1	1
zmin	0.076	0.05	0.2	0.18	0.126	0.15	0.116
zworst	1	1	1	1	1	1	1

$\alpha=0$ 信息素养 I_1	1	2	3	4	5	6	7
$\alpha=0.4$							
zbest	0.152	0.1	0.4	0.36	0.252	0.3	0.232
zcenter	0.576	0.55	0.7	0.68	0.626	0.65	0.616
zcut	0.69	0.625	1	0.95	0.815	0.875	0.79
zmax	1	1	1	1	1	1	1
zmin	0.152	0.1	0.4	0.36	0.252	0.3	0.232
zworst	1	1	1	1	1	1	1
$\alpha=0.6$							
zbest	0.228	0.15	0.6	0.54	0.378	0.45	0.348
zcenter	0.614	0.575	0.8	0.77	0.689	0.725	0.674
zcut	0.69	0.625	1	0.95	0.815	0.875	0.79
zmax	1	1	1	1	1	1	1
zmin	0.228	0.15	0.6	0.54	0.378	0.45	0.348
zworst	1	1	1	1	1	1	1
$\alpha=0.8$							
zbest	0.304	0.2	0.8	0.72	0.504	0.6	0.464
zcenter	0.652	0.6	0.9	0.86	0.752	0.8	0.732
zcut	0.69	0.625	1	0.95	0.815	0.875	0.79
zmax	1	1	1	1	1	1	1
zmin	0.304	0.2	0.8	0.72	0.504	0.6	0.464
zworst	1	1	1	1	1	1	1

$\alpha=0$ 信息素养 I_2	1	2	3	4	5	6	7
$\alpha=1$							
zbest	0.38	0.25	1	0.9	0.63	0.75	0.58
zcenter	0.69	0.625	1	0.95	0.815	0.875	0.79
zcut	0.69	0.625	1	0.95	0.815	0.875	0.79
zmax	1	1	1	1	1	1	1
zmin	0.38	0.25	1	0.9	0.63	0.75	0.58
zworst	1	1	1	1	1	1	1
$\alpha=0$	信息传递、接收意愿 I_3						
zbest	0	0	0	0	0	0	0
zcenter	0.5	0.5	0.5	0.5	0.5	0.5	0.5
zcut	0.97	0.78	0.905	0.875	0.905	0.905	0.815
zmax	1	1	1	1	1	1	1
zmin	0	0	0	0	0	0	0
zworst	1	1	1	1	1	1	1
$\alpha=0.2$							
zbest	0.188	0.112	0.162	0.15	0.162	0.162	0.126
zcenter	0.594	0.556	0.581	0.575	0.581	0.581	0.563
zcut	0.97	0.78	0.905	0.875	0.905	0.905	0.815
zmax	1	1	1	1	1	1	1
zmin	0.188	0.112	0.162	0.15	0.162	0.162	0.126
zworst	1	1	1	1	1	1	1

$\alpha = 0$ 信息素养 I_3	1	2	3	4	5	6	7
$\alpha = 0.4$							
zbest	0.376	0.224	0.324	0.3	0.324	0.324	0.252
zcenter	0.688	0.612	0.662	0.65	0.662	0.662	0.626
zcut	0.97	0.78	0.905	0.875	0.905	0.905	0.815
zmax	1	1	1	1	1	1	1
zmin	0.376	0.224	0.324	0.3	0.324	0.324	0.252
zworst	1	1	1	1	1	1	1
$\alpha = 0.6$							
zbest	0.564	0.336	0.486	0.45	0.486	0.486	0.378
zcenter	0.782	0.668	0.743	0.725	0.743	0.743	0.689
zcut	0.97	0.78	0.905	0.875	0.905	0.905	0.815
zmax	1	1	1	1	1	1	1
zmin	0.564	0.336	0.486	0.45	0.486	0.486	0.378
zworst	1	1	1	1	1	1	1
$\alpha = 0.8$							
zbest	0.752	0.448	0.648	0.6	0.648	0.648	0.504
zcenter	0.876	0.724	0.824	0.8	0.824	0.824	0.752
zcut	0.97	0.78	0.905	0.875	0.905	0.905	0.815
zmax	1	1	1	1	1	1	1
zmin	0.752	0.448	0.648	0.6	0.648	0.648	0.504
zworst	1	1	1	1	1	1	1

$\alpha = 0$ 信息 素养 I_3	1	2	3	4	5	6	7
$\alpha = 1$							
zbest	0.94	0.56	0.81	0.75	0.81	0.81	0.63
zcenter	0.97	0.78	0.905	0.875	0.905	0.905	0.815
zcut	0.97	0.78	0.905	0.875	0.905	0.905	0.815
zmax	1	1	1	1	1	1	1
zmin	0.94	0.56	0.81	0.75	0.81	0.81	0.63
zworst	1	1	1	1	1	1	1
$\alpha = 0$	信息传递、接收 能力 I_4						
zbest	0	0	0	0	0	0	0
zcenter	0.5	0.5	0.5	0.5	0.5	0.5	0.5
zcut	0.25	0.5	0.25	0.45	0.5	0.25	0.46
zmax	1	1	1	1	1	1	1
zmin	0	0	0	0	0	0	0
zworst	1	1	1	1	1	1	1
$\alpha = 0.2$							
zbest	0	0	0	0	0	0	0
zcenter	0.45	0.5	0.45	0.49	0.5	0.45	0.492
zcut	0.25	0.5	0.25	0.45	0.5	0.25	0.46
zmax	0.9	1	0.9	0.98	1	0.9	0.984
zmin	0	0	0	0	0	0	0
zworst	0.9	1	0.9	0.98	1	0.9	0.984

续表

$\alpha=0$ 信息素养 I_4	1	2	3	4	5	6	7
$\alpha=0.4$							
zbest	0	0	0	0	0	0	0
zcenter	0.4	0.5	0.4	0.48	0.5	0.4	0.484
zcut	0.25	0.5	0.25	0.45	0.5	0.25	0.46
zmax	0.8	1	0.8	0.96	1	0.8	0.968
zmin	0	0	0	0	0	0	0
zworst	0.8	1	0.8	0.96	1	0.8	0.968
$\alpha=0.6$							
zbest	0	0	0	0	0	0	0
zcenter	0.35	0.5	0.35	0.47	0.5	0.35	0.476
zcut	0.25	0.5	0.25	0.45	0.5	0.25	0.46
zmax	0.7	1	0.7	0.94	1	0.7	0.952
zmin	0	0	0	0	0	0	0
zworst	0.7	1	0.7	0.94	1	0.7	0.952
$\alpha=0.8$							
zbest	0	0	0	0	0	0	0
zcenter	0.3	0.5	0.3	0.46	0.5	0.3	0.468
zcut	0.25	0.5	0.25	0.45	0.5	0.25	0.46
zmax	0.6	1	0.6	0.92	1	0.6	0.936
zmin	0	0	0	0	0	0	0
zworst	0.6	1	0.6	0.92	1	0.6	0.936

$\alpha = 0$ 信息素养 I_4	1	2	3	4	5	6	7
$\alpha = 1$							
zbest	0	0	0	0	0	0	0
zcenter	0.25	0.5	0.25	0.45	0.5	0.25	0.46
zcut	0.25	0.5	0.25	0.45	0.5	0.25	0.46
zmax	0.5	1	0.5	0.9	1	0.5	0.92
zmin	0	0	0	0	0	0	0
zworst	0.5	1	0.5	0.9	1	0.5	0.92
$\alpha = 0$	信息势差 I_5						
zbest	0	0	0	0	0	0	0
zcenter	0.5	0.5	0.5	0.5	0.5	0.5	0.5
zcut	0.71	0.79	0.79	0.835	0.54	0.835	0.915
zmax	1	1	1	1	1	1	1
zmin	0	0	0	0	0	0	0
zworst	1	1	1	1	1	1	1
$\alpha = 0.2$							
zbest	0.084	0.116	0.116	0.134	0.016	0.134	0.166
zcenter	0.542	0.558	0.558	0.567	0.508	0.567	0.583
zcut	0.71	0.79	0.79	0.835	0.54	0.835	0.915
zmax	1	1	1	1	1	1	1
zmin	0.084	0.116	0.116	0.134	0.016	0.134	0.166
zworst	1	1	1	1	1	1	1

续表

$\alpha=0$ 信息 素养 I_5	1	2	3	4	5	6	7
$\alpha=0.4$							
zbest	0.168	0.232	0.232	0.268	0.032	0.268	0.332
zcenter	0.584	0.616	0.616	0.634	0.516	0.634	0.666
zcut	0.71	0.79	0.79	0.835	0.54	0.835	0.915
zmax	1	1	1	1	1	1	1
zmin	0.168	0.232	0.232	0.268	0.032	0.268	0.332
zworst	1	1	1	1	1	1	1
$\alpha=0.6$							
zbest	0.252	0.348	0.348	0.402	0.048	0.402	0.498
zcenter	0.626	0.674	0.674	0.701	0.524	0.701	0.749
zcut	0.71	0.79	0.79	0.835	0.54	0.835	0.915
zmax	1	1	1	1	1	1	1
zmin	0.252	0.348	0.348	0.402	0.048	0.402	0.498
zworst	1	1	1	1	1	1	1
$\alpha=0.8$							
zbest	0.336	0.464	0.464	0.536	0.064	0.536	0.664
zcenter	0.668	0.732	0.732	0.768	0.532	0.768	0.832
zcut	0.71	0.79	0.79	0.835	0.54	0.835	0.915
zmax	1	1	1	1	1	1	1
zmin	0.336	0.464	0.464	0.536	0.064	0.536	0.664
zworst	1	1	1	1	1	1	1

$\alpha=0$ 信息素养 I_5	1	2	3	4	5	6	7
$\alpha=1$							
zbest	0.42	0.58	0.58	0.67	0.08	0.67	0.83
zcenter	0.71	0.79	0.79	0.835	0.54	0.835	0.915
zcut	0.71	0.79	0.79	0.835	0.54	0.835	0.915
zmax	1	1	1	1	1	1	1
zmin	0.42	0.58	0.58	0.67	0.08	0.67	0.83
zworst	1	1	1	1	1	1	1

参考文献

［1］钱平凡. 煤炭供应链管理正当其时［J］. 新远见，2013（7）：24-29.

［2］尤磊，王建军. 煤炭企业供应链牛鞭效应模型及影响分析［J］. 煤炭经济研究，2009（2）：36-39.

［3］陈红梅，杨美美. 秦皇岛港煤炭供应链牛鞭效应形成因素分析［J］. 北京交通大学学报（社会科学版），2017，16（1）：102-109.

［4］云小红，张金锁，金浩. 煤炭供应链牛鞭效应量化研究［J］. 西安科技大学学报，2016，36（4）：560-566.

［5］GANESH M，RAGHUNATHAN S，RAJENDRAN C. The value of information sharing in a multi-product，multi-level supply chain：impact of product substitution，demand correlation，and partial information sharing［J］. Decision support systems，2014，58（58）：79-94.

［6］LI L，ZHANG H. Confidentiality and information sharing in supply chain coordination［J］. Management science，2008，54（8）：1467-1481.

［7］LEE H L，SO K C，TANG C S. The value of information sharing in a two-level supply chain［J］. Management science，2000，46（5）：626-643.

［8］马士华，林勇. 供应链管理［M］. 3版. 北京：机械工业出版社，2010.

［9］YÜCEKAYA A. Managing fuel coal supply chains with multiple objectives and multimode transportation［J］. Engineering management journal，2013，25（1）：58-70.

［10］THOMAS A，SINGH G，KRISHNAMOORTHY M，et al. Distributed optimisation method for multi – resource constrained scheduling in coal supply chains [J]. International journal of production research, 2013, 51 (9): 2740 – 2759.

[11] 苏丽琴, 于宝栋. 煤炭供应链的构建 [J]. 中国煤炭, 2006, 32 (5): 19 – 21.

[12] 吕涛. 煤炭供应链的系统结构与协调机制 [J]. 中国矿业大学学报 (社会科学版), 2009, 11 (1): 74 – 79.

[13] 彭红军. 两级生产与需求不确定下煤炭企业供应链均衡供应模型研究 [D]. 北京: 中国矿业大学, 2011.

[14] 彭永涛, 张锦, 陈刚. 多商品多运输方式的煤炭供应链网络均衡 [J]. 工业工程, 2013, 16 (3): 50 – 56.

[15] LI T, ZHANG H. Information sharing in a supply chain with a make – to – stock manufacturer [J]. Omega, 2015, 50: 115 – 125.

[16] GAVIRNENI S, KAPUSCINSKI R, TAYUR S. Value of Information in Capacitated Supply Chains [J]. Management Science, 1999, 45 (1): 16 – 24.

[17] CACHON G P, FISHER M. Supply chain inventory management and the value of shared information [J]. Management science, 2000, 46 (8): 1032 – 1048.

[18] NARASIMHAN R, KIM S W. Infromation system utilization strategy for supply chain integration [J]. Journal of business logistics, 2001, 22 (2): 51 – 75.

[19] RAGHUNATHAN S. Information sharing in a supply chain: a note on its value when demand is nonstationary [M]. INFORMS, 2001.

[20] CHEN F. Information sharing and supply chain coordination [J]. Handbooks in operations research & management science, 2003, 11 (3): 341 – 421.

[21] MONTOYA – TORRES J R, ORTIZ VARGAS D A. Collaboration and information sharing in dyadic supply chains: A literature review over the period 2000 – 2012 [J]. Estudios gerenciales, 2014, 30 (133): 343 – 354.

[22] LEE H L, PADMANABHAN V, WHANG S. Information distortion in a supply chain: the bullwhip effect [J]. Management science, 1997, 43 (4): 546 – 558.

[23] LEE H L, So K C, TANG C S. The value of information sharing in a two – level supply chain [J]. Management science, 2000, 46 (5): 626 – 643.

[24] GAUR V, GILONI A, SESHADRI S. Information sharing in a supply chain under ARMA demand [J]. Management science, 2005, 51 (6): 961 – 969.

[25] LI G, LIN Y, WANG S, et al. Enhancing agility by timely sharing of supply information [J]. Supply chain management, 2006, 11 (5): 425 – 435.

[26] YAN R, WANG K Y. Franchisor – franchisee supply chain cooperation: Sharing of demand forecast information in high – tech industries [J]. Industrial marketing management, 2012, 41 (7): 1164 – 1173.

[27] SARI K. Investigating the value of reducing errors in inventory information from a supply chain perspective [J]. Kybernetes, 2015, 44 (2): 176 – 185.

[28] SRIVATHSAN S, KAMATH M. Performance modeling of a two – echelon supply chain under different levels of upstream inventory information sharing [J]. Computers & operations research, 2017, 77: 210 – 225.

[29] KHAN M, HUSSAIN M, SABER H M. Information sharing in a sustainable supply chain [J]. International journal of production economics, 2016, 181: 208 – 214.

[30] LAI K H, WONG C W Y, LAM J S L. Sharing environmental management information with supply chain partners and the performance contingencies on environmental munificence [J]. International journal of production economics, 2015, 164: 445 – 453.

[31] LAU J S K, HUANG G Q, MAK K L. Impact of information sharing on inventory replenishment in divergent supply chains [J]. International journal of production research, 2004, 42 (5): 919 – 941.

[32] CHO D W, Lee Y H. The value of information sharing in a supply chain with a seasonal demand process [J]. Computers and industrial engineering, 2013, 65 (1): 97 – 108.

[33] HELPER C M, DAVIS L B, WEI W. Impact of demand correlation and infor-

mation sharing in capacity constrained supply chain with multiple – retailers [J]. Computers & industrial engineering, 2010, 59 (4): 552 –560.

[34] DAVIS L B, KING R E, HODGSON T J, et al. Information sharing in capacity constrained supply chains under lost sales [J]. International journal of production research, 2011, 49 (24): 7469 –7491.

[35] BIAN W, SHANG J, ZHANG J. Two – way information sharing under supply chain competition [J]. International journal of production economics, 2016, 178: 82 –94.

[36] ZHU X, MUKHOPADHYAY S K, YUE X. Role of forecast effort on supply chain profitability under various information sharing scenarios [J]. International journal of production economics, 2011, 129 (2): 284 –291.

[37] HA A Y, TONG S. Contracting and information sharing under supply chain competition [J]. Management science, 2008, 54 (4): 701 –715.

[38] HA A Y, TONG S, ZHANG H. Sharing demand information in competing supply chains with production diseconomies [J]. Mathematics of operations research, 2011, 57 (3): 566 –581.

[39] CHEN J. The impact of sharing customer returns information in a supply chain with and without a buyback policy [J]. European journal of operational research, 2011, 213 (3): 478 –488.

[40] LUMSDEN K. MIRZABEIKI V. Determining the value of information for different partners in the supply chain [J]. International journal of physical distribution & logistics management, 2008, 38 (9): 659 –673.

[41] HOSODA T, NAIM M M, DISNEY S M, et al. Is there a benefit to sharing market sales information? Linking theory and practice [J]. Computers & industrial engineering, 2008, 54 (2): 315 –326.

[42] SABITHA D, RAJENDRAN C, KALPAKAM S, et al. The value of information sharing in a serial supply chain with AR (1) demand and non – zero replenishment lead times [J]. European journal of operational research, 2016,

255 (3): 758 – 777.

[43] CUI R, ALLON G, BASSAMBOO A, et al. Information sharing in supply chains: an empirical and theoretical valuation [J]. Social science electronic publishing, 2015, 61 (11): 2803 – 2824.

[44] YAN R, PEI Z. Information asymmetry, pricing strategy and firm's performance in the retailer – multi – channel manufacturer supply chain [J]. Journal of business research, 2011, 64 (4): 377 – 384.

[45] LEE J J, LIAO K, MA Z, et al. Achieving mass customization through trust-driven information sharing: a supplier's perspective [J]. Management research review, 2011, 34 (5): 541 – 552.

[46] SHANG W, HA A Y, TONG S. Information sharing in a supply chain with a common retailer [J]. Management science journal of the institute for operations research & the management sciences, 2016, 62 (1): 245 – 263.

[47] SHAMIR N. Strategic information sharing between competing retailers in a supply chain with endogenous wholesale price [J]. Social science electronic publishing, 2012, 136 (2): 352 – 365.

[48] LI S, LIN B. Accessing information sharing and information quality in supply chain management [J]. Decision support systems, 2007, 42 (3): 1641 – 1656.

[49] WU L, CHUANG C H, HSU C H. Information sharing and collaborative behaviors in enabling supply chain performance: a social exchange perspective [J]. International journal of production economics, 2014, 148 (1): 122 – 132.

[50] YOUN S H, YANG M G, KIM J H, et al. Supply chain information capabilities and performance outcomes: an empirical study of Korean steel suppliers [J]. International journal of information management, 2014, 34 (3): 369 – 380.

[51] CHU W H J, LEE C C. Strategic information sharing in a supply chain [J].

european journal of operational research, 2006, 174 (3): 1567 – 1579.

[52] YAN R, CAO Z, PEI Z. Manufacturer's cooperative advertising, demand uncertainty, and information sharing [J]. Journal of business research, 2015, 68 (12): 1 – 9.

[53] WAGNER M R. Robust purchasing and information asymmetry in supply chains with a price – only contract [J]. Iie transactions, 2015, 47 (8): 819 – 840.

[54] HUANG Y S, LI M C, HO J W. Determination of the optimal degree of information sharing in a two – echelon supply chain [J]. International journal of production research, 2016, 54 (5): 1 – 17.

[55] KHURANA M, MISHRA P, SINGH A. Barriers to information sharing in supply chain of manufacturing industries [J]. International journal of manufacturing systems, 2011, 1 (1): 9 – 29.

[56] JRAISAT L, GOTSI M, BOURLAKIS M. Drivers of information sharing and export performance in the Jordanian agri – food export supply chain [J]. International marketing review, 2013, 30 (4): 323 – 356.

[57] CANNELLA S, FRAMINAN J M, BRUCCOLERI M, et al. The effect of Inventory Record Inaccuracy in Information Exchange Supply Chains [J]. European journal of operational research, 2015, 243 (1): 120 – 129.

[58] OLORUNNIWO F O, LI X. Information sharing and collaboration practices in reverse logistics [J]. Supply chain management, 2013, 15 (6): 454 – 462.

[59] WATABAJI M, MOLNAR A, WEAVER R D, et al. Information sharing and its integrative role: an empirical study of the malt barley value chain in Ethiopia [J]. British food journal, 2016, 118 (12): 3012 – 3029.

[60] KEMBRO J, SELVIARIDIS K. Exploring information sharing in the extended supply chain: an interdependence perspective [J]. Supply chain management, 2015, 20 (4): 455 – 470.

［61］ HUONG TRAN T T, CHILDERHOUSE P. DEAKINSE. Supply chain information sharing: challenges and risk mitigation strategies ［J］. Journal of manufacturing technology management, 2016, 27 (8): 1102 – 1126.

［62］ BIAN J, GUO X, LAI K K, et al. The strategic peril of information sharing in a vertical – Nash supply chain: a note ［J］. International journal of production economics, 2014, 158: 37 – 43.

［63］ SHNAIDERMAN M, EI OUARDIGHI F. The impact of partial information sharing in a two – echelon supply chain ［J］. Operations research letters, 2014, 42 (3): 234 – 237.

［64］ CHENGALUR – SMITH I S, DUCHESSI P, GIL – GARCIA J R. Information sharing and business systems leveraging in supply chains: An empirical investigation of one Web – based application ［J］. Information & management, 2012, 49 (1): 58 – 67.

［65］ LIU C, HUO B, LIU S, et al. Effect of information sharing and process coordination on logistics outsourcing ［J］. Industrial management & data systems, 2015, 115 (41): 41 – 63.

［66］ RILEY J M, KLEIN R, MILLER J, et al. How internal integration, information sharing, and training affect supply chain risk management capabilities ［J］. International journal of physical distribution & logistics management, 2016, 46 (10): 953 – 980.

［67］ JUAN DING M, JIE F A, PARTON K, et al. Relationships between quality of information sharing and supply chain food quality in the Australian beef processing industry ［J］. The international journal of logistics management, 2014, 25 (1): 85 – 108.

［68］ JONSSON P, MYRELID P. Supply chain information utilisation: conceptualisation and antecedents ［J］. International journal of operations & production management, 2016, 36 (12).

［69］ 马新安, 张列平, 田澎. 供应链中的信息共享激励: 动态模型 ［J］. 中国

管理科学, 2001, (1): 19 - 24.

[70] 陈国庆, 黄培清. 供应链中的信息共享与激励机制 [J]. 上海交通大学学报, 2007, 41 (12): 2032 - 2037.

[71] 张新锋, 赵彦, 徐国华. 供应链中信息共享的管理激励研究 [J]. 管理工程学报, 2006, 20 (2): 123 - 125.

[72] 张子刚, 刘开军. 供应链中信息共享的定价激励策略 [J]. 工业工程与管理, 2004, 9 (6): 50 - 53.

[73] 周雄伟, 马费成. 需求不确定环境下的供应链信息共享激励模型 [J]. 管理工程学报, 2010, 24 (4): 122 - 126.

[74] 张波, 黄培清. 横向 Bertrand 垄断竞争下的供应链需求信息纵向共享博弈 [J]. 上海交通大学学报, 2008, 42 (9): 1494 - 1500.

[75] 邹细兵. 信息共享价值和供应链协调价值的博弈研究 [D]. 上海: 上海交通大学, 2008.

[76] 黄梦醒, 潘泉, 邢春晓, 等. 三级供应链信息共享的价值 [J]. 工业工程, 2008, 11 (3): 6 - 9.

[77] OUYANG Y. The effect of information sharing on supply chain stability and the bullwhip effect [J]. European journal of operational research, 2007, 182 (3): 1107 - 1121.

[78] CANNELLA S. Order - Up - To policies in Information Exchange supply chains [J]. Applied mathematical modelling, 2014, 38 (23): 5553 - 5561.

[79] RYU S J, TSUKISHIMA T, ONARI H. A study on evaluation of demand information - sharing methods in supply chain [J]. International journal of production economics, 2009, 120 (1): 162 - 175.

[80] 王瑛. 供应链伙伴信息共享的博弈与激励 [J]. 中国管理科学, 2005, (5): 61 - 66.

[81] 郑欣, 张诚, 凌鸿. 评估供货量信息的共享在供应链管理中的价值 [J]. 中国管理科学, 2003, 11 (3): 23 - 29.

[82] 常志平, 蒋馥. 供应链中信息共享的最优范围 [J]. 工业工程与管理,

2002, 7 (5): 47 –49.

[83] 张旭梅, 李国强, 张翼. 供应链中供应商订单分配的不完全信息动态博弈研究 [J]. 管理学报, 2006, 3 (5): 519 –523.

[84] DATTA P P, CHRISTOPHER M G. Christopher. Information sharing and coordination mechanisms for managing uncertainty in supply chains: a simulation study [J]. International journal of production research, 2011, 49 (3): 765 –803.

[85] 侯琳琳, 邱菀华. 基于信号传递博弈的供应链需求信息共享机制 [J]. 控制与决策, 2007, 22 (12): 1421 –1424.

[86] 邓卫华, 易明, 蔡根女. 供应链成员信息共享技术策略博弈分析 [J]. 中国管理科学, 2009, 17 (4): 103 –108.

[87] OSLEEB J P, RATICK S J, KUBY M, et al. Coal logistics system (COLS) [J]. Tran sportation research record, 1989 (1222): 6 –13.

[88] KUBY M, RATICK S, OSLEEB J. Modeling U. S. Coal export planning decisions [J]. Annals of the association of american geographers, 2015, 81 (4): 627 –649.

[89] THOMAS A, SINGH G, KRISHNAMOORTHY M, et al. Distributed optimisation method for multi – resource constrained scheduling in coal supply chains [J]. International journal of production research, 2013, 51 (9): 2740 –2759.

[90] GEDIK R, MEDAL H, RAINWATER C, et al. Vulnerability assessment and rerouting of freight trains under disruptions: a coal supply chain network application [J]. Transportation research part E logistics & transportation review, 2014, 71 (3): 45 –57.

[91] ZAKLAN A, CULLMANN A, NEUMANN A, et al. The globalization of steam coal markets and the role of logistics: an empirical analysis [J]. Energy economics, 2009, 34 (1): 105 –116.

[92] 马谦杰. 试论煤炭企业物流 [J]. 煤炭经济研究, 1991 (4): 30 –32.

[93] 王之泰. 煤炭物流研究与探讨 [J]. 物流科技, 2009, 32 (1): 1 –3.

[94] 梁美健, 吴慧香. 煤炭物流战略联盟利益分配机制探讨 [J]. 济南大学学报 (社会科学版), 2009, 19 (1): 80-83.

[95] 张华明, 焦斌龙. 我国煤炭物流体系存在的问题及现代化再造对策研究 [J]. 未来与发展, 2011, 34 (1): 22-27.

[96] 荣海涛, 宁宣熙. 煤炭物流系统资源整合模式研究 [J]. 现代管理科学, 2008, 2008 (8): 60-62.

[97] 范云兵. 《煤炭物流发展规划》解读 [J]. 中国物流与采购, 2014 (3): 31-33.

[98] 彭晨, 岳东. 基于开放式功能体系的煤炭供应链结构研究 [J]. 煤炭学报, 2003, 28 (3): 326-331.

[99] 周强, 孙继平, 许世范. 基于战略联盟的煤炭企业集成研究 [J]. 中国矿业大学学报, 2003, 32 (1): 71-75.

[100] 陈建生, 王立杰. 论煤炭企业物流供应链联盟 [J]. 管理世界, 2004 (11): 148-149.

[101] 彭红军, 周梅华, 刘满芝. 大型煤炭供应链集成决策模型及应用 [J]. 计算机集成制造系统, 2009, 15 (9): 1738-1742.

[102] 刘满芝, 周梅华, 彭红军, 等. 大型煤炭企业供给系统供应链解构及优化 [J]. 煤炭学报, 2009 (1): 139-143.

[103] 于洋, 王晓栋, 马红伟. 疆煤外运煤炭供应链构建研究 [J]. 中国煤炭, 2012, 38 (10): 10-13.

[104] 彭红军, 周梅华. 基于复杂需求的煤炭供应链多目标集成优化模型与算法 [J]. 统计与决策, 2010 (4): 35-37.

[105] 范志强. 考虑复杂需求特性的多级煤炭供应链网络优化 [J]. 计算机工程与应用, 2014, 50 (5): 21-28.

[106] 窦迅, 李扬, 王蓓蓓, 等. 电力供应链的电煤库存研究 [J]. 电网技术, 2012, 36 (12): 242-249.

[107] 孙金玉, 张力波, 汤铭端. 不同规模下华东地区煤炭应急储备轮库仿真研究 [J]. 系统仿真学报, 2014, 26 (2): 248-253.

[108] 李丹. 大型煤业集团煤炭绿色供应链系统构建与优化研究 [D]. 阜新：辽宁工程技术大学，2013.

[109] 乔冰琴. 煤炭物流物联网智能优化调度模型与算法研究 [D]. 太原：太原理工大学，2012.

[110] 李景峰，张艳，张树. 基于面向对象分层 Petri 网的煤炭超市业务流程建模与优化研究 [J]. 中国软科学，2013 (9)：133－140.

[111] 李晓华. 内蒙古煤炭绿色供应链构建与绩效评价研究 [D]. 大连：大连海事大学，2013.

[112] 王莹莹. 基于灰色神经网络模型的煤炭物流需求预测研究 [D]. 北京：北京交通大学，2012.

[113] 李志敏. 煤炭供应链风险系统的识别与控制 [D]. 成都：西南交通大学，2010.

[114] 赵永刚，尚利强. 煤炭供应链的公共信息平台搭建研究：基于第四方物流的资源整合与决策优化 [J]. 生产力研究，2012 (5)：179－182.

[115] 陈红梅. 煤炭物流供应链信息协同共享研究 [J]. 生态经济（中文版），2013 (5)：109－113.

[116] 张艳. 基于信息共享的煤炭供应链信息协同与绩效研究 [D]. 太原：山西大学，2014.

[117] 刘硕. 发电集团电煤供应链协同一体化理论与方法研究 [D]. 北京：华北电力大学，2014.

[118] 黄敏镁. 基于演化博弈的供应链协同产品开发合作机制研究 [J]. 中国管理科学，2010，18 (6)：155－162.

[119] 王玉燕，李帮义，申亮. 两个生产商的逆向供应链演化博弈分析 [J]. 系统工程理论与实践，2008，28 (4)：43－49.

[120] 熊强，仲伟俊，李治文，等. 企业群体间信息安全知识共享的演化博弈分析 [J]. 软科学，2014，28 (3)：45－50.

[121] 慕静，马丽丽. 基于 SD 的食品供应链信息共享演化博弈分析 [J]. 科技管理研究，2015，35 (325)：182－185.

[122] 宋焕，王瑞梅，胡妤. 食品供应链中溯源信息共享的演化博弈分析 [J]. 哈尔滨工业大学学报（社会科学版），2017（2）：111 – 118.

[123] 申亮，王玉燕. 绿色供应链的演化博弈分析 [J]. 价值工程，2007，26（5）：65 – 69.

[124] 李媛，赵道致. 低碳供应链中政府监管企业减排的演化博弈模型 [J]. 天津大学学报（社会科学版），2013，15（3）：193 – 197.

[125] 李友东，赵道致，夏良杰. 低碳供应链环境下政府和核心企业的演化博弈模型 [J]. 统计与决策，2013（20）：38 – 41.

[126] 李永忠，董凌峰. 政府部门间 G2G 信息资源共享的演化博弈分析 [J]. 电子科技大学学报（社会科学版），2015（2）：6 – 10.

[127] 刘雪峰，霍明奎. 供应链企业信息资源利用效率实证研究：基于信息生态视角 [J]. 情报科学，2016，34（6）：109 – 115.

[128] 熊晓元，孙艳玲. 网络信息资源利用效率评价模型、方法及实证研究 [J]. 情报杂志，2009，28（5）：65 – 68.

[129] 吴陆锋，李珊. 基于成熟度的建筑供应链信息共享评价 [J]. 土木工程与管理学报，2014，31（1）：91 – 95.

[130] 唐毅，张彬乐，王忠伟. 基于粗糙集 AHP 农产品供应链信息共享评价指标体系研究 [J]. 中南林业科技大学学报，2016，36（6）：124 – 130.

[131] 杨兴凯，王延章. 基于灰色模糊理论的政府信息共享能力测度研究 [J]. 大连理工大学学报，2012（2）：297 – 303.

[132] 龚花萍，袁林娜. 制造商与供应商信息共享程度评价研究 [J]. 现代情报，2010，30（9）：46 – 50.

[133] 孙悦，张向先，郭顺利. 基于信息生态链理论的网店信息传递效率评价研究 [J]. 情报科学，2017（5）：145 – 149.

[134] 宋立荣. 农业科技信息共享中信息质量评价指标体系研究 [J]. 情报杂志，2010，29（2）：60 – 65.

[135] YU M M, TING S C, CHEN M C. Evaluating the cross – efficiency of information sharing in supply chains [J]. Expert systems with applications,

2010, 37 (4)：2891 –2897.

[136] 陈曙. 信息生态研究 [J]. 图书与情报, 1996 (2)：12 –19.

[137] 靖继鹏. 信息生态理论研究发展前瞻 [J]. 图书情报工作, 2009, 53 (4)：5 –7.

[138] 娄策群, 周承聪. 信息生态链：概念、本质和类型 [J]. 图书情报工作, 2007, 51 (9)：29 –32.

[139] 韩刚, 覃正. 信息生态链：一个理论框架 [J]. 情报理论与实践, 2007, 30 (1)：18 –20.

[140] 霍明奎, 张向先, 靖继鹏. 供应链信息生态链形成机理研究 [J]. 情报科学, 2012 (10)：1442 –1446.

[141] 霍明奎, 张向先, 李爽. 供应链信息生态链信息传递效率影响因素的实证研究 [J]. 情报杂志, 2016, 35 (2)：188 –194.

[142] 刘雪峰, 霍明奎. 供应链企业信息资源利用效率实证研究：基于信息生态视角 [J]. 情报科学, 2016, 34 (6)：109 –115.

[143] 盛昭瀚, 朱乔, 吴广谋. DEA 理论、方法与应用 [M]. 科学出版社, 1996.

[144] 林伯强, 魏巍贤, 李丕东. 中国长期煤炭需求：影响与政策选择 [J]. 经济研究, 2007 (2)：50 –60.

[145] SILVER E A, PETERSON R. Decision systems for inventory management and production planning [M]. New York：John Wiley and Sons, 1985.

[146] 靖继鹏. 信息生态理论研究发展前瞻 [J]. 图书情报工作, 2009, 53 (4)：5 –7.

[147] 李栋林. 财政支持新型城镇化建设绩效评价研究 [D]. 北京：北京交通大学, 2016.

[148] 黄朝峰. 基于模糊 DEA 的高校办学效益评价方法及应用研究 [D]. 长沙：国防科学技术大学, 2005.

[149] LOVELL C A K. The decomposition of malmquist productivity indexes [J]. Journal of productivity analysis, 2003, 20 (3)：437 –458.

[150] FÄRE R, GROSSKOPF S, NORRIS M. Productivity growth, technical progress, and efficiency change in industrialized countries: reply [J]. The American economic review, 1997, 87 (5): 1040 – 1044.

[151] 章祥荪, 贵斌威. 中国全要素生产率分析: Malmquist 指数法评述与应用 [J]. 数量经济技术经济研究, 2008, 25 (6): 111 – 122.